社会养老服务体系建设研究

以京津冀地区为例

RESEARCH ON ESTABLISHING SOCIAL ELDERLY SERVICE SYSTEM

王小春　陈立文　著

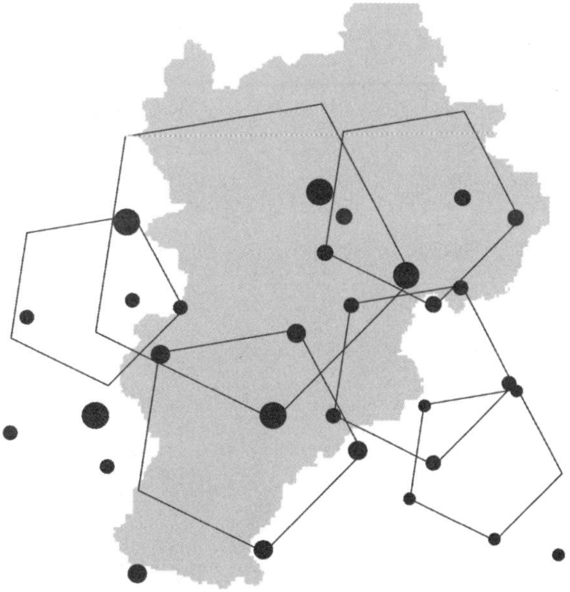

知识产权出版社
全国百佳图书出版单位

本书为以下项目的阶段研究成果

京津冀养老服务体系建设协同发展研究

河北省社会科学基金项目（编号：HB15SH045）

基于京津冀一体化的社会养老服务体系建设研究

河北省教育厅高等学校青年拔尖人才项目（编号：BJ2014071）

保障性住房社区养老服务体系建设完善研究——以京津冀为例

河北省人力资源和社会保障厅博士后择优资助项目（编号：B2015003016）

符合中国国情的住房保障和供应体系研究

国家社会科学基金项目（编号：14BJY060）

京津冀社会保障一体化改革研究

河北省人力资源和社会保障厅项目（编号：JRS–2016–2026）

前　言

据统计，2015 年，我国 60 岁以上老年人口已达到 2.22 亿人，占总人口比重达到 16.1%。部分失能和完全失能老年人达到 4000 万人，其中完全失能老人 1240 万人。预计到 2020 年，我国 60 岁以上老年人口将达到 2.55 亿人，占总人口比重达到 17.8% 左右，80 岁以上高龄老年人口将达到 2900 万人，农村实际居住人口老龄化程度可能进一步加深。面对人口老龄化的快速发展和特殊老年群体的巨大挑战，养老服务事业不仅关乎具体的个人或家庭，更关乎着整个国家和社会的发展。自 2000 年以来，我国中央及各地方出台了一系列政策文件，对养老服务事业进行了不断的规划和建设，逐步构建了“居家为基础、社区为依托、机构为补充、医养相结合”的养老服务体系。但时至今日，我国每百名老年人口养老床位、社区养老服务、农村养老服务等方面与国际水平仍有较大差距，我国社会养老服务体系建设仍亟待发展，同时蕴含着重大机遇。

地处华北的京津，其人口老龄化程度在全国分别居第二位和第三位，而河北省农业人口在全国位列第四，可见，养老服务体系的建设是京津冀三地不能不重视的共同问题。在京津冀协同发展的国家战略背景下，2015 年 11 月，三地签署了《京津冀民政事业协同发展合作框架协议》，接着三地民政部门建立了联席会议机制并共同签署了《京津冀养老工作协同发展合作协议（2016—2020 年）》。其规定从 2016 年 10 月 1 日开始，京津冀三地开始试点养老服务协同发展项目。可见，对京津冀社会养老服务体系进行对比分析，深入思考三地各自的问题和优势以及协同发展面临的主要阻碍，探寻相互借鉴、克服阻碍、实现协同发展之道，具有现实必要性。

另外，保障性住房社区居民以低收入人群为主，其购买社会养老服务能力弱，而且集中成片建设的保障性住房大多远离市区，其社区居民养老服务问题需要得到足够重视。故本书在对京津冀社会养老服务进行系统性探索框架下，还拟对保障性住房养老服务问题进行专项探索。

综上，本书拟在对养老服务有关概念进行界定、明确研究意义、对全国养老服务政策文件进行全面梳理的基础上，从社区和居家养老、机构养老两大方面分别对京津冀社会养老服务体系进行系统专门的分析和研究，接着对保障性住房养老服务体系建设进行专项探索，然后对京津冀养老服务体系建设进行对比分析，明确比较优势和面临的主要问题，最后提出京津冀养老服务协同发展相关对策，从而为促进我国社会养老服务事业的发展提供更坚实的研究基础。

本书主要内容分为四大部分，共分七章：

第一部分（第一、第二章）主要在阐述研究背景的基础上，明确研究意义和研究思路，对养老、保障性住房等系列概念进行界定，对主要理论基础进行概述，对养老服务体系建设以及京津冀具体研究成果进行研究综述，并对我国养老服务体系建设发展历程进行概述，对现阶段养老服务主要国家政策进行全面梳理。

第二部分（第三、第四、第五章）对京津冀进行专门分析和研究。在对三地人口老龄化现状进行阐述的基础上，分别从社区和居家养老服务、机构养老服务两大方面进行研究，每一方面均在梳理出各自颁布的政策文件基础上，结合调研，对其取得的成效、目前各自存在的问题进行分析，然后提出相关完善建议。

第三部分（第六章）在进行研究综述的基础上，结合调研，对保障性住房养老服务体系建设存在的主要共性问题进行分析，然后提出相关完善建议。

第四部分（第七章）对京津冀三地进行政策对比和调研对比分析，归纳得出京津冀三地养老服务体系个性化问题及比较优势以及面临的共性问题，然后对京津冀养老服务体系协同发展可行性及面临的制约因素进行分析，最后提出相关对策建议。

本书可能的独特之处在于：一是对我国以及京津冀三地有关养老服务的政

策文件进行了比较全面系统的整理和梳理，并在此基础上，对京津冀三地的养老服务政策进行了较为深入细致的对比分析；二是对京津冀三地的养老服务发展事业进行了较为系统具体的专门分析研究并对其协同发展进行了思考探索；三是对保障性住房养老服务体系建设问题进行了专门探索，明确了保障性住房养老服务问题需要得到足够重视。

在本书写作过程中，韦平美、付瑞智、张梦云等也参与了本书部分资料收集和撰写工作，本书涉及多次课题实践调研，很多学生积极参与其中，并得到了大量社区居民、各种养老机构的积极配合，在此一并表示衷心的感谢。此外，本书在撰写过程中还参阅了大量中外文献，有的已在参考文献中列出，但由于疏忽难免遗漏，在此对已列出和未列出的专家一并表示感谢。同时，要感谢知识产权出版社刘爽编辑和她的同人对本书提出了大量完善建议和意见。最后，衷心感谢所有给予笔者无私支持和帮助的领导、老师、学生、家人和朋友。

总之，我国的养老服务事业任重而道远。京津冀协同发展是一个重大的理论和实践课题，京津冀养老服务协同发展中的许多问题仍在探索完善过程中，本书的研究仅仅是初步的，由于时间仓促，本书难免还存在瑕疵，恳请各位读者批评指正。

王小春

2017 年 4 月于河北工业大学人文与法律学院

目　录

第一章　绪论 …… 001
　一、研究背景和研究意义 …… 001
　二、研究思路与研究内容 …… 004
　三、相关概念及理论基础 …… 007

第二章　研究综述与养老服务发展沿革 …… 016
　一、研究综述 …… 016
　二、我国养老服务体系建设发展历程 …… 025

第三章　北京市社会养老服务体系建设 …… 045
　一、社区和居家养老服务 …… 045
　二、机构养老服务 …… 062

第四章　天津市社会养老服务体系建设 …… 078
　一、社区和居家养老服务 …… 078
　二、机构养老服务 …… 094
　三、天津市机构养老服务面临的问题 …… 101
　四、对天津市机构养老服务建设的建议 …… 103

第五章　河北省社会养老服务体系建设 …… 106
　一、社区和居家养老服务 …… 106
　二、机构养老服务 …… 120

第六章　保障性住房养老服务体系建设 …… 136
一、保障性住房研究概述 …… 136
二、保障性住房社会养老服务体系建设现状及问题 …… 144
三、对保障性住房社会养老服务体系建设的建议 …… 148

第七章　京津冀社会养老服务协同发展 …… 156
一、京津冀养老服务体系建设比较 …… 156
二、京津冀养老服务体系协同发展可行性及障碍分析 …… 173
三、京津冀养老服务体系协同发展现状及建议 …… 177

参考文献 …… 184

附　录 …… 197
社区和居家养老服务调研问卷 …… 197
机构养老服务调研问卷（针对机构负责人） …… 201
机构养老服务调研问卷（针对入住老人） …… 204
保障性住房社区养老服务需求调研问卷（针对社区居民） …… 208

第一章 绪论

一、研究背景和研究意义

1. 研究背景

根据国际通行划分标准，若一个国家或地区65岁及以上老年人口比重在7%以上或60岁及以上老年人口比重在10%以上，则称其为老龄社会或老年型人口国家。1999年，我国60岁以上老年人口达到1.32亿人，占总人口比重超过10.46%，65岁及以上老年人口比重达到6.9%；2000年，我国65岁及以上老年人口比重为6.69%[1]，标志着我国已进入老龄化社会。自此之后，老龄化程度不断加重，根据第六次全国人口普查数据显示，2010年，我国60岁及以上人口为177 648 705人，占总人口13.26%，其中65岁及以上人口为118 831 709人，占总人口8.87%。据民政部《2015年社会服务发展统计公报》显示，截至2015年年底，全国60岁及以上老年人口22 200万人，占总人口的16.1%，其中65岁及以上人口14 386万人，占总人口的10.5%。[2]据中国人民大学人口与发展研究中心预测，到2020年我国65岁及以上老年人口将增加到1.7亿人，到21

[1] 原新，邬沧萍，李建民，等．新中国人口60年[J]．人口研究，2009（5）：53.

[2] 中国网．2015年社会服务发展统计公报[EB/OL][2016-7-11]，http://news.china.com.cn/txt/2016-07/11/content_38855906_3.htm.

世纪中叶将超过3亿人，占总人口比重将达25%[1]；到2050年，中国的老龄人口将比届时的世界第一人口大国印度多1亿人，比所有发达国家老年人口总和多3700万人,相当于届时的第三人口大国美国的总人口。[2]《中国人口老龄化发展趋势预测研究报告》指出，到21世纪下半叶，老年人口总量将有所下降，但仍然保持在3亿人以上，老龄化程度为31%左右。[3]

另外，在我国老龄人口绝对数量大的现状下，其中有六类老年特殊人群引致老年服务的刚性需求，这六类老年人包括高龄老人、失能半失能老人、空巢老人、无子女老人、贫困老人和农村老人。[4]据《老龄蓝皮书：中国老龄产业发展报告（2014）》统计预测，关于高龄老人，我国80岁及以上高龄老年人口[5]在2013年2300人万的基础上，将增加到2050年的1.08亿人，2054年达到峰值1.18亿人。关于失能半失能老人，目前，城乡老年人口中健康存在问题的、健康状况一般的和健康良好的分别占老年总人口的27%、56%和17%。在平均约19年的余寿中，健康余寿只有9年左右，其余10年基本上是带病或失能状态。2015年，中国部分失能和完全失能老年人达到4000万人，其中完全失能老人1240万人，未来中国失能老年人口将从2013年年底的3750万人增长到2050年的9700万人；到人口老龄化的高峰年即2053年，失能老年人口总量将超过1亿人。关于空巢老人，2012年，我国空巢老人达9900万人，城市空巢家庭（包括独居）比例达到49.7%，目前中国空巢老年人口占老年总人口的一半。未来，空巢老年人口比例预计将突破70%。关于无子女老人，随着失独老年人的增多、丁克家庭及单身贵族进入老年期，无子女老人将越来越多，预计到2050年，临终无子女老年人将增加到7900万人。关于贫困老人，2013年7月北京大学国家发展研究院对老人经济状况调研发现，我国有22.9%即4580万人60岁以上的老人消费水平位于贫困线以下，贫困老人群体对养老资源尤

[1] 刘迪平．中国新型农村社会养老保险长效供给研究[D]．苏州：苏州大学，2010：2.

[2] 李本公．中国人口老龄化发展趋势百年预测[M]．北京：中国华龄出版社，2006：36.

[3] 全国老龄工作委员会办公室．2030至2050年将是我国人口老龄化最严峻时期[EB/OL]．新浪网，http：//news.sina.com.cn/c/2006-02-23/16328285130s.shtml.

[4] 张岩松．社会养老服务体系建设研究[M]．大连：东北财经大学出版社，2016：17.

[5] 按照我国国情及习惯，一般把80岁及以上的老人称为高龄老人。

其是经济资源的支持提出了要求。关于农村老人，由于农村老人的生活条件、医疗卫生、精神文化与城市中的老人差距较大，其已经成为特殊的困难群体，尽管未来城市老年人口一直增长，但农村老年人口先增后减。到2050年，农村老年人仍然接近全国老年总人口的30%。

面对人口老龄化的快速发展和特殊老年群体的巨大挑战，老年人口养老问题不仅关乎具体的个人或家庭，更关乎着整个社会的发展。2000年，国务院出台《中共中央国务院关于加强老龄工作的决定》（中发〔2000〕13号），提出“建立家庭养老为基础、社区服务为依托、社会养老为补充的养老机制”。此后，多个部门颁布了一系列政策文件。2009年，党的十七届五中全会明确提出“优先发展社会养老服务”的要求。“十二五”期间，民政部连续五年开展了养老服务体系建设推进活动，其中，2012年，全国社会养老服务体系建设工作会议在河北省邯郸市召开，2013年，国务院召开会议专门讨论养老服务体系建设问题。“十三五”期间，民政部将继续重点推动实施社会养老服务体系建设工程。可见，当前我国社会养老服务体系建设仍亟待发展，同时蕴含着重大机遇。

有鉴于此，笔者拟将社会养老服务体系作为研究对象，对养老服务体系建设进行探索研究，以促进我国养老服务事业的发展。地处华北的京津，其人口老龄化程度在全国分别居第二位和第三位，而河北省农业人口在全国位列第四，可见，养老服务体系的建设是京津冀三地不能不重视的共同问题。另外，京津冀地理位置接近，人员流动频繁，协同发展任重而道远。2011年，国家将“京津冀一体化”写入“十二五”规划。2014年，习近平总书记强调，要加大力气实现京津冀一体化发展，一体化要求京津冀在产业经济等方面实现合理分工与布局，而社保民生作为经济发展和人员流动的重要基础，牵涉老百姓的日常生活和切身利益，在一体化进程中也应加以重视。而京津冀区域既包括现代化大都市——北京市和天津市，也包括发展水平适中的典型省份——河北省，既有城镇人口，也有大量农村人口，京津冀区域具有较强样本代表性，并且养老服务体系建设不仅可以进行微观细致的个别具体分析，更需要从较开阔的视野，以系统联系的思路来进行“纵横捭阖”，从而实现整体优化。而地理位置相邻的区域由于时空相近，资源流动更加频繁便捷，从区域层次较系统的探讨养老服务体系建设问题具有现实基础和趋势必然性。所以，在对京津冀社会养老服务体系进行对比分析的基础上，深入思考三地各自的问题和优势以及协同发展面临的主要阻碍，探寻相互借鉴、克服阻碍、实现协同发展之道，具有现实必要性。综上所述，本书以京津冀为例进行具体探讨，不仅使研究具有一般代表性，而且还能推动养老服务协同发展相关研究。

另外，保障性住房社区居民以低收入人群为主，其购买社会养老服务能力弱，而且集中成片建设的保障性住房大多远离市区，其社区居民养老服务问题需要得到重视。而目前保障性住房社区建设研究中鲜有对此问题的深入考虑，我国社会养老服务体系建设研究中也鲜有关于保障性住房养老服务问题的专门研究。因此，本书在对社会养老服务进行系统性探索的框架下，还拟对保障性住房养老服务问题进行专项探索。

2. 研究意义

从理论上讲，第一，对京津冀养老服务的对比分析，将对我国养老服务体系建设协同发展理论研究起到抛砖引玉、拾遗补阙的作用。第二，对保障性住房养老服务的专项探讨，将对我国保障性住房供给设计理念起到补充完善的作用。

从实践上讲，通过对社会养老服务体系建设的具体问题分析和对策研究，能为政府制定相关政策提供一定决策依据，并起到降低养老服务成本、提升我国尤其是贫困老年人口生活质量、促进京津冀协同发展、推进我国养老服务事业进一步发展的作用。

二、研究思路与研究内容

1. 研究思路

在对养老服务有关概念进行界定、明确研究意义的基础上，以京津冀为例，从社区和居家养老、机构养老等方面分别对社会养老服务体系进行分析和研究；接着对保障性住房养老服务进行专项探索；然后对京津冀养老服务体系建设进行对比分析，明确比较优势和面临的主要问题；最后提出京津冀养老服务协同发展相关对策。

技术路线如图 1.1 所示。

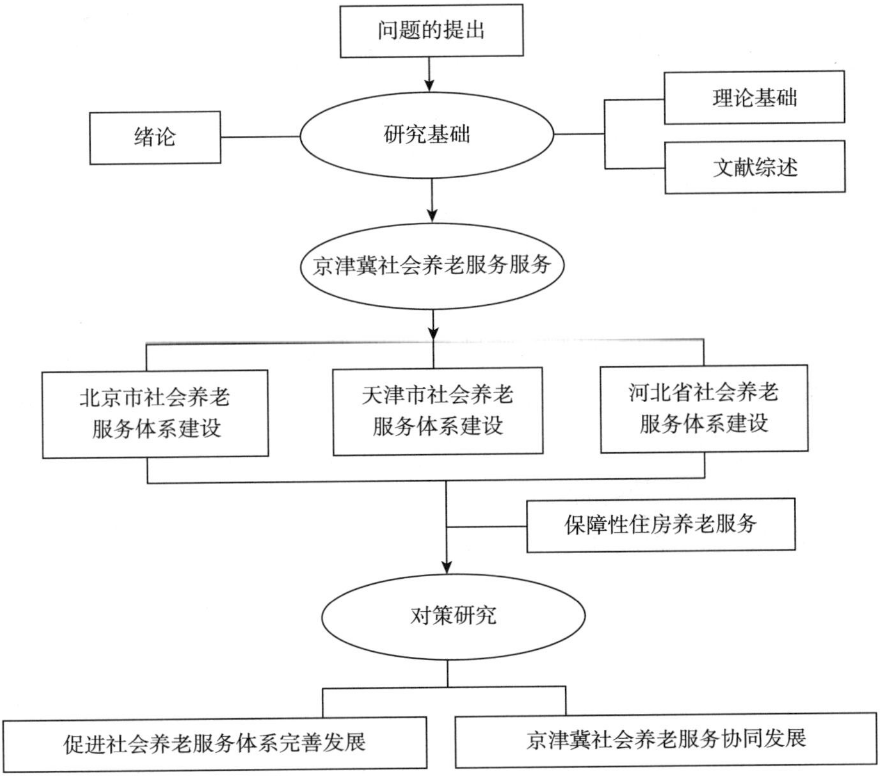

图1.1　技术路线

2. 研究内容

本书主要由“研究基础”“京津冀社会养老服务体系建设”“保障性住房养老服务体系建设”“对策研究”四大部分共七章内容构成。其中，“研究基础”部分由第一章“绪论”和第二章“研究综述与养老服务发展沿革”构成，“京津冀社会养老服务体系建设”部分由第三章“北京市社会养老服务体系建设”、第四章“天津市社会养老服务体系建设”、第五章“河北省社会养老服务体系建设”共三章构成。“保障性住房养老服务体系建设”部分由第六章“保障性住房养老服务体系建设”构成。“对策研究”部分由第七章“京津冀社会养老服务协同发展”构成。

第一章，绪论：主要在阐述研究背景的基础上，明确研究意义和研究思路及主要特点，并对养老、保障性住房等一系列概念进行界定，对主要理论基础进行概述。

第二章，研究综述与养老服务发展沿革：对养老服务体系建设及京津冀具体研究成果进行研究综述，并对我国养老服务体系建设发展历程进行概述，对现阶段养老服务主要国家政策进行梳理。

第三章，北京市社会养老服务体系建设：在对北京市人口老龄化现状进行阐述的基础上，分别从社区和居家养老服务、机构养老服务两大方面进行研究，每一方面均在梳理出北京市颁布的政策文件的基础上，结合调研，对其取得的成效、目前存在的问题进行分析，然后提出相关完善建议。

第四章，天津市社会养老服务体系建设：思路同第三章。

第五章，河北省社会养老服务体系建设：思路同第三章。

第六章，保障性住房养老服务体系建设：在进行研究综述基础上，结合调研，对保障性住房养老服务体系建设存在的主要共性问题进行分析，然后提出相关完善建议。

第七章，京津冀社会养老服务协同发展：对京津冀三地进行政策对比和调研对比分析，归纳得出京津冀三地养老服务体系个性化问题及比较优势，以及面临的共性问题；然后对京津冀养老服务体系协同发展可行性以及面临的制约因素进行明确和探索；最后在阐述京津冀养老服务体系协同发展现状的基础上，从多角度提出促进协同发展的建议。

3. 本书的特点

本书可能的独特之处主要在于以下三点。

一是对我国以及京津冀三地有关养老服务的政策文件进行了比较全面系统的整理和梳理，从而能对我国以及京津冀三地的养老服务事业有较全面具体的了解和认识；并在此基础上，对京津冀三地的养老服务政策进行了较为深入细致的对比分析，使得京津冀养老服务协同发展的对策更有针对性。

二是对京津冀三地的养老服务发展事业进行了较为系统具体的专门分析研究，使得京津冀养老服务协同发展的研究基础更扎实。

三是对保障性住房养老服务体系建设问题进行了专门探索，明确了保障性住房养老服务问题需要得到足够重视，从而能促进社会和谐建设和发展。

三、相关概念及理论基础

本书所论述的社会养老服务体系建设问题会涉及养老、养老服务、社区养老、居家养老、机构养老、协同发展、保障性住房等相关概念。本节围绕这些概念进行逐一界定，以为后文打下基础。

1. 相关概念界定

(1) 养老与养老服务

养老，乃“赡养、抚养或养护老年人”之意。卢德平（2014）认为，养老就其实质而言是一种日常生活状态；不能认为养老是和其他生活形态完全割裂的一种崭新的生活方式，更不是一种纯粹的照料方式。[1] 赵秋成（2016）认为，养老是为老年人（包括老年人自己）提供必要物质性（如钱和物）和非物质性（如劳务和情感等）支持的过程。[2] 穆光宗（2000）认为，养老的实质是谁来提供养老资源。[3] 本书认为，养老是运用各种物质和非物质资源对老年人提供各种支持，以满足其物质和精神生活需要的过程。在这个过程中，涉及养老的主体、

[1] 卢德平．略论中国的养老模式 [J]．中国农业大学学报，2014（4）：56-63.

[2] 赵秋成．中国农村养老服务体系建设研究 [M]．北京：清华大学出版社，2016：5-6.

[3] 穆光宗．中国传统养老方式的变革和展望 [J]．中国人民大学学报，2000（5）：39-44.

客体和资源及获取资源的方式。养老的主体是指提供养老资源的个人（包括老年人自身）、机构或团体等。养老的客体是指需要得到养老资源的老年人。养老的资源包括各种物质性和非物质性要素，如资金、技术、劳务、政策等。获取资源的方式包括直接获取和间接获取等。在养老的过程中，养老的主体和客体之间存在单向或双向作用关系。

关于养老服务，学者们对其内涵和外延认识并不一致，交互使用“老年服务”“老龄服务”“为老服务”“照料”“照顾”“老年支持”等词汇来进行养老服务方面的研究。[1]娄金霞（2013）认为，其等同于老年服务，养老服务可以针对“老有所养、老有所医、老有所乐、老有所学、老有所为”五大方面展开。[2]张岩松（2016）认为，养老服务是为老年人提供必要的生活服务，满足其物质生活和精神生活的基本需求；从狭义上讲是指为老年人提供的生活照顾、康复护理和精神慰藉服务等，从广义上讲几乎涵盖了老年人衣食住行、生活照料、医疗服务、文化、健身、娱乐等多个行业领域。[3]赵秋成（2016）认为，养老服务是指为老年人提供的满足其生存、生活和精神需要的一系列劳务以及心理和情感支持活动的总称。[4]还有的认为，养老服务是针对老年人的服务，分为医疗服务与生活照料，其中医疗服务又包括健康管理服务和长期照护服务，生活照料则包括医疗护理与生活照顾。[5]可见，养老服务是为老年人提供的满足其物质和精神生活需要的各种活动的总称，这些活动既包括满足老年人衣、食、住、行、医等基本生存生活需要，也包括满足其健身、娱乐、社会参与等高层次需要的各种劳务和情感支持。

（2）养老模式与养老方式

关于养老模式，谢琼（2008）认为，养老模式是指人们进入老年阶段后怎

---

[1] 李放，张娜，沈苏燕．农村社会养老服务的需求与发展路径研究 [M]. 北京：科学出版社，2016：13.

[2] 娄金霞．中国多层次养老服务体系的构建研究——以浙江省为例 [J]. 改革与战略，2013（3）：110-112.

[3] 张岩松．社会养老服务体系建设研究 [M]. 大连：东北财经大学出版社，2016：24.

[4] 赵秋成．中国农村养老服务体系建设研究 [M]. 北京：清华大学出版社，2016：8.

[5] 中国社会科学院社会政策研究中心课题组．中日养老服务比较研究总报告 [R]. 2014：9.

样进行晚年生活的制度安排与机制保障；它主要包括两个层次：一是老年人的经济保障，二是老年人的服务保障与精神保障。[1]卢德平（2014）认为，养老模式实际上是属于养老方式类型化的问题。[2]赵秋成（2016）认为，养老模式是指与一定生产力水平和文化价值观念相联系的定型的养老样式，偏重于理论认知。[3]穆光宗（2000）认为，养老模式主要包括自我养老、家庭养老和社会养老。[4]可见，养老模式，是对老年人提供养老服务的一种概念逻辑，具有较强理论概括性。目前，按照提供养老服务的主体不同，养老模式主要包括家庭养老模式和社会养老模式。家庭养老模式，是指由家庭成员（包括老年人自身）提供物质和非物质养老支持的模式。社会养老模式，则是指由家庭成员以外的政府和社会（包括企业或社会组织等）提供物质或非物质养老支持的模式。

养老方式，主要是指提供养老服务的具体运作形式，相对于养老模式具有较强实践性，如分散或集中养老、居家养老、机构养老[5]、社区养老、旅游养老等。居家养老，是指老年人居住在家里接受政府和社会（包括社区）养老服务的方式。机构养老，是指老年人居住在养老机构里集中接受养老服务的方式。养老机构既可以是独立的法人机构，也可以是附属于社区、医疗机构、企事业单位、社会组织乃至综合性社会福利机构的一个部门或分支机构，如敬老院、老年公寓、养老院、护养院等。社区养老，是指在政府和社会（包括社区自身）支持下，由社区提供给本辖区老年人各种养老服务的方式。社区养老又包括在社区服务（care/service in the community）和由社区服务（care/service by the community）。在社区服务是指老年人在社区开办的养老服务机构（如社区敬老院、社区托老所、社区日间照料中心等）接受社区所提供的生活照料、疾病和健康护理、精神慰藉等养老服务；由社区服务是指老年人在家中接受由社区养老服务和护理人员及志愿者等提供的上门服务，如日间或日常生活照料、家庭

[1] 谢琼．中国养老模式的中庸之道［J］．山东社会科学，2008（11）：73-76.

[2] 卢德平．略论中国的养老模式［J］．中国农业大学学报，2014（4）：56-63.

[3] 赵秋成．中国农村养老服务体系建设研究［M］．北京：清华大学出版社，2016：7.

[4] 赵秋成．中国农村养老服务体系建设研究［M］．北京：清华大学出版社，2016：8.

[5] 赵秋成．中国农村养老服务体系建设研究［M］．北京：清华大学出版社，2016：7.

病床或护理、上门陪聊等。其中，由社区服务类似于人们所说的社区居家养老。[1]可见，居家养老与社区养老既有区别也有联系，其中“居家接受社区提供的养老服务”为两者的兼容，谓为社区居家养老。另外，社区养老与机构养老也有兼容之体现，即开设在社区里的养老机构，谓为社区养老院。

最后，养老模式和养老方式虽然有区别，但都是关于老年人接受养老服务的措施或途径概括，因此在当前学界，关于两者的严格区分并不十分突出。

(3) *养老服务体系*

有关养老服务体系的含义，最初主要是由政府有关文件提出的。2000 年 2 月，国务院办公厅在文件中明确了“在供养方式上坚持以居家为基础、以社区为依托、以社会福利机构养老为补充的发展方向”[2]的社会福利社会化方向。后来，这一概括逐步演变为专指养老服务体系，并于 2006 年前后确定为“以居家养老为基础、社区服务为依托、机构养老为补充的服务体系”[3]。2009 年，国家发改委、民政部开始在全国实施“基本养老服务体系试点”，确定了一批试点省份。2010 年，温家宝在政府工作报告中明确，要“加快建立健全养老社会服务体系”。党的十七届五中全会强调，要“优先发展社会养老服务”。2011 年，民政部提出“以居家养老为基础、社区服务为依托、机构养老为支撑，资金保障与服务保障相匹配，基本服务与选择性服务相结合，形成‘政府主导、社会参与、全民关怀’的服务体系”[4]。目前，大部分学者在论述养老服务体系时都采用政府的表述。[5]

根据《社会养老服务体系建设规划（2011—2015 年）》，社会养老服务体系是与经济社会发展水平相适应，以满足老年人养老服务需求、提升老年人生

---

[1] 赵秋成．中国农村养老服务体系建设研究 [M]．北京：清华大学出版社，2016：16.

[2] 国务院办公厅转发民政部等部门文件：《关于加快实现社会福利社会化意见的通知》(国办发〔2000〕19 号）。

[3] 国务院办公厅转发全国老龄委办公室和发展改革委等部门文件：《关于加快发展养老服务业意见的通知》（国办发〔2006〕6 号）。

[4] 民政部．“困难群众生活救助和养老服务体系建设”记者会 [EB/OL]，2011-3-8. http://www.china.com.cn.

[5] 魏文斌，李永根，高伟江．社会养老服务体系的模式构建及其实现路径 [J]．苏州大学学报（哲学社会科学版），2013（2）：48-52.

活质量为目标，面向所有老年人，提供生活照料、康复护理、精神慰藉、紧急救援和社会参与等设施、组织、人才和技术要素形成的网络，以及配套的服务标准、运行机制和监管制度。我国的社会养老服务体系主要由居家养老、社区养老和机构养老三个有机部分组成。

具体而言，居家养老服务涵盖生活照料、家政服务、康复护理、医疗保健、精神慰藉等，以上门服务为主要形式。针对身体状况较好、生活基本能自理的老年人，提供家庭服务、老年食堂、法律服务等服务；针对生活不能自理的高龄、独居、失能等老年人，提供家务劳动、家庭保健、辅具配置、送饭上门、无障碍改造、紧急呼叫和安全援助等服务。有条件的地方可以探索对居家养老的失能老年人给予专项补贴，鼓励他们配置必要的康复辅具，提高生活自理能力和生活质量。

社区养老服务是居家养老服务的重要支撑，具有社区日间照料和居家养老支持两类功能，主要面向家庭日间暂时无人或者无力照护的社区老年人提供服务。在城市，结合社区服务设施建设，增加养老设施网点，增强社区养老服务能力，打造居家养老服务平台；倡议、引导多种形式的志愿活动及老年人互助服务，动员各类人群参与社区养老服务。在农村，结合城镇化发展和新农村建设，以乡镇敬老院为基础，建设日间照料和短期托养的养老床位，逐步向区域性养老服务中心转变，向留守老年人及其他有需要的老年人提供日间照料、短期托养、配餐等服务；以建制村和较大自然村为基点，依托村民自治和集体经济，积极探索农村互助养老新模式。

机构养老服务以设施建设为重点，通过设施建设，实现其基本养老服务功能。养老服务设施建设重点包括老年养护机构和其他类型的养老机构。老年养护机构主要为失能、半失能的老年人提供专门服务，重点实现生活照料、康复护理、紧急救援等一系列服务。

可见，我国社会养老服务体系在构建上不仅要针对失能、半失能老年人，也应覆盖一般老年人；提供的养老服务内容不仅应考虑到老年人基本生存生活需要，还应考虑到精神文化等高层次需要；不仅要发展城镇养老服务事业，也要发展农村养老服务事业；不仅需要重视养老设施建设，更要重视前瞻制度规划。

综上所述，我国养老服务整体框架如图 1.2 所示。

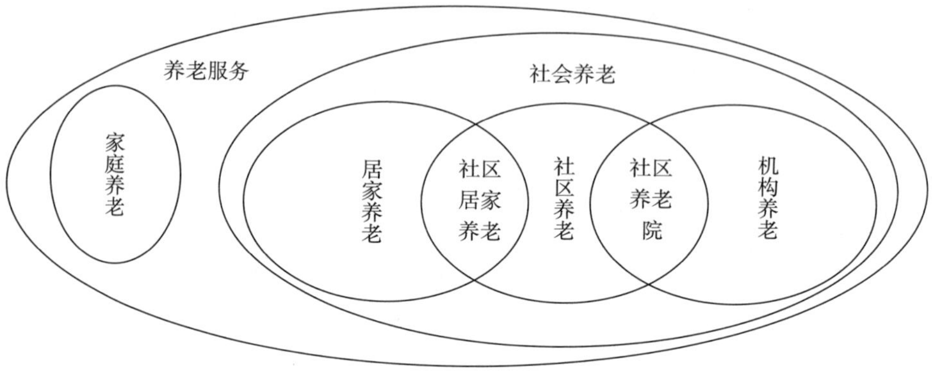

图1.2 我国养老服务体系框架图

最后，由于社区养老和居家养老相互之间联系较多，很多关于居家养老或社区养老的政策文件都是两种养老服务兼而有之，在进行研究时，若将两者截然分开并不十分合理可行，故本书拟将社区养老和居家养老进行整体研究，并谓之“社区和居家养老服务”，其内涵包括居家养老中不属于社区养老的服务内容（如社会组织志愿服务等）、社区养老中不属于居家养老的服务内容（如社区日间照料中心等）及社区居家养老服务内容（如家庭医院等）。

（4）养老服务协同发展

由于养老服务的核心要素是养老资源，而养老资源在一定的时空条件下可以通过优化配置实现整体效率的提高，所以，养老服务协同发展是指将不同时空条件下的养老资源进行协调整合和优势辐射互补，以解决或弥补各自不足，达到养老服务的共赢发展。目前京津冀地区在国家相关战略指导下，开始探索养老服务协同发展之道。

（5）保障性住房

保障性住房是在住房保障制度的指导下，政府主导为满足中低收入住房困难群体的居住要求，为其提供限定标准、限定价格或租金的住房。保障性住房是一项长期持久的物质保障工作，具有政策性、持续性、福利性的特点，其主要包括廉租房、公共租赁房、经济适用房、限价商品房等。❶

❶ 刘奕辰．我国保障性住房基本公共服务问题研究 [D]．青岛：中国海洋大学，2013：12-13.

廉租房是面向城镇最低收入住房困难群体的保障性住房，其只租不售，分配形式以租金补贴为主、实物配租和租金减免为辅。公共租赁房是向“夹心层”住房困难群体长期出租的一种保障性住房，其产权归政府或公共机构所有，“夹心层”群体是指其既无购买经济适用房或限价商品房的支付能力，又不符合入住廉租房的要求。经济适用房是较早出现的保障性住房类型，其以保本或微利的价格出售给城镇中低收入家庭，具有适用性和经济性，对启动房地产市场、拉动内需起着重要的作用。限价商品房主要是面向无力购买商品房，但又没有资格购买经济适用房的城镇中等收入群体，对于该类住房，政府通常会控制土地出让价格，限定销售价格及限制套型面积。

2. 养老服务相关理论

（1）需求层次论

亚伯拉罕·马斯洛认为，人类的需要是以层次的形式出现的，由低级的需要开始逐级向上发展到高级的需要。他将人的需要分为生理的需要、安定或安全的需要、社交和爱情的需要、自尊与受人尊重的需要以及自我实现的需要。生理的需要，即为支持生命之所必需，包括衣、食、住、行等项。安全需要包括人身安全、经济安全以及有秩序、可预知的环境。社交和爱情的需要是指人需要别人的接受、友谊和情谊，也需要对别人付出其接受、友谊和情谊。自尊和受人尊重的需要是指当事人自己感到自己的重要性，同时必须获得他人的认可。自我实现的需要是指人希望能成就独特性的自我欲望，是自我发展与创造力的发挥。同时，人们的各项基本需要只可能有部分获得满足，也有部分未满足，从较低的层次逐级向上，满足的程度百分比逐级减少。[1]

通过需求层次论可以得知，每个人包括老年人均有需要，因此，在养老服务体系建设中，应清楚老年人的具体需要，并因地制宜地满足老年人的不同层次需要。

（2）福利多元主义理论

20 世纪 30 年代以后，受凯恩斯主义的国家干预思潮的影响，逐步形成了

[1] 杨文士，焦叔斌，等．管理学原理（第二版）[M]．北京：中国人民大学出版社，2004：276-278.

以政府为主导的公共社会福利体系，但随着西方经济的持久衰退及人口老龄化、家庭核心化等问题的产生，由政府公共部门包揽社会福利供给的模式逐渐难以为继，于是产生了福利多元主义理论。

福利多元主义一方面强调改变以往政府福利供给的主导角色，福利服务交由公共部门、营利部门、非营利部门和家庭社区等四个部门共同提供。政府逐渐转变为福利服务的规范者、监督者、福利服务的管理者和仲裁者，以及促使其他部门从事服务供给的角色；另一方面强调非营利组织的广泛参与，将它们导向福利服务领域，通过规范对这些组织的管理，促进福利供给效率的提高。福利多元主义主要有两个概念：分权（decentralization）和参与（participation）。分权不只是将福利服务的行政权由中央政府转移至地方政府，同时要从地方政府转移至社区，由公共部门转给私立部门；参与是指对于福利服务的制度决策及服务输送过程希望福利提供者（社区、非营利组织等）和福利消费者共同参与。[1]

福利多元主义强调福利资源供给方的多元化，这对提高社会福利供给的效率和质量非常重要。据此，在为老年人提供社会养老服务过程中，由国家、企业、社区和家庭等多方供给主体提供多元化养老服务应是福利多元化的主要体现，对于提升老年人生活质量、转变政府职能有着重要促进作用。

（3）社会嵌入理论

社会嵌入理论也称嵌入性理论，嵌入概念的最早明确提出者波兰尼（Karl Polanyi）。他从实体主义出发，阐明了特定行为在社会中被制度化何以可能以及经济行为是如何被嵌入社会关系之中的，强调了嵌入性是新兴行为得以合理运行的保障。[2]该理论的代表人物格兰诺维特（Mark Granovetter）指出："行动者既不可能脱离社会背景采取行动、做出决策，也不可能是规则的奴隶；相反，行动者会在具体的动态的社会关系制度中追求目标的实现。"[3]他提出社会嵌入

[1] 陈元刚．我国城镇社区养老服务体系构建研究［M］．北京：光明日报出版社，2016：51.

[2] POLANYI, EHRENBERG, PEARSON. Trade and Market in the Early Empires；Economies in History and Theory[M]. Chicago：Henry Regnery Company, 1957：101-110.

[3] FIURGESS. Aging in Western Societies[M]. Chicago：University of Chicago Press, 1960：10.

理论应寻求“社会化”的平衡，只有在社会结构和个体之间适度融合、互补的条件下，才能在复杂的、动态的社会关系网络中达成既定目标。一个人的一生是一个不断社会化的过程，老年人也不例外，还需要继续社会化。这主要是源于老年人面临着因经济危机感而产生的焦虑感、角色转变产生的落寞感等心理问题，还面临空巢、疾病、丧偶等风险和威胁，这需要老年人通过社会嵌入实现社会化，学习新角色，获取帮助，适应新生活。[1]

社会嵌入理论告诉我们，进入老年阶段的老年人并不是不再需要面对社会化问题，而是还需要继续社会化。这一方面说明，社区养老由于并未脱离老年人熟悉的生活环境，是老年人实现继续社会化的一个很好的平台；另一方面说明，在其他方式养老服务提供过程中，应注重老年人的继续社会化问题。

以上三个基础理论说明老年人皆有不同层次需要，在养老服务体系建设中，应整合多元主体的力量，采用适当的养老方式来满足老年人的养老需要。除此之外，还有象征性相互理论、社区照顾理论、公共治理等相关理论皆与养老服务有关，在此不再详述。

---

[1] 卢子敏．社会嵌入理论视角下物业养老模式问题研究［J］．经济论坛，2014（10）：144-148.

第二章　研究综述与养老服务发展沿革

一、研究综述

1. 国内研究综述

在国内，自 20 世纪 80 年代以后，我国养老服务研究逐步趋热，阎卡林（1982）、赵树桐（1986）、桂世勋（1992）、熊巍俊（1994）、罗德启（1996）、穆光宗（2000）、王辅贤（2004）等围绕社会养老的必要性、养老模式、养老住房、养老机构、养老产业等方面进行了研究。发展至今，无论在学界还是在实践中，有关养老服务体系的相关研究和建设方兴未艾。

（1）关于养老服务体系建设的研究

有关养老服务体系的研究，有的专家学者从宏观视角进行整体研究，也有的专家学者从某一个方面对某一种养老服务方式进行研究，还有的专家学者专门针对农村养老问题进行研究；另外，在养老服务供给中，政府购买起到了重要作用。所以，本书拟从整体宏观视角、社区和居家养老、机构养老、农村养老、政府购买养老服务等五个方面进行综述。

①从整体宏观视角的研究。

关于养老服务体系的研究，有的学者对养老服务体系的内涵进行了重新界定，如，董红亚（2012）从系统论出发，将社会养老服务体系重构为“为老人提供有效照护，以居家为基础，机构为支撑，社区为平台，社会服务为依托”。有的专家对我国养老服务体系存在的问题及如何完善进行了探讨，如，王素英（2012）认为我国养老服务体系还存在养老服务总量不足、投入不足、专业化程度不高、政策扶持不够、监管制度缺乏的问题，提出加强制度和机制建设、推进居家养老服务、完善社区养老服务、加强养老机构建设等建议。刘晓静、张继良（2013）认为我国养老服务体系存在养老服务发展理念存在误区、养老服务政策和法律法规不完善、养老服务保障水平偏低、对养老服务重视程度不够等问题，提出构建养老服务体系要树立以老年人为本，合理定位老年服务业，走出一条城乡统筹、实现政府与市场有机结合、构建多元化养老服务体系的道路。唐钧（2015）认为我国养老服务体系存在重视增加床位但忽视使用效率、空讲潜在需求而不看有效需求、政策面面俱到但缺乏重点突破等问题，必须以完全失能老人的长期照护服务为突破口，采用保险和补贴相结合的方式，为社会化、专业化的老年服务筹措资金；应按“80:15:5”的比例安排居家、社区和机构三个层面的养老服务，并由专业的老年服务机构联盟为骨干，最终构建资金和服务无缝链接的“护联网”。景天魁（2015）认为要着力搞好社会建设，抓住时间性机遇，制定非常规的积极策略，将老龄化社会建为活力社会。穆光宗（2015）认为养老服务的事业要引领养老服务的产业，养老服务的福利化高于商业盈利化，公益性高于有偿性；应区分需求导向，保障基本福利，促进融合发展，完善运行机制。在养老服务体系建设的筹资问题上，林闽钢、梁誉（2016）提出，在我国社会养老服务多元化筹资中，需要增强政府的筹资责任为改革取向，从而推动中国社会养老服务多元化筹资的模式定型。宏观经济研究院课题组（2016）认为，我国养老服务体系建设中存在财政资金投入仍然较少且不稳定、设施建设投资的地方配套不足、养老服务设施建设补贴和运营补贴标准偏低、财政资金投入与服务需求对应性不够强等问题，提出加强中央统筹协调、注重投资结构合理化、改进中央财政资金使用方式、引领社会养老投资方向、完善和落实吸引民间资本的政策体系、规范公私合作发展过程、注重社区化养老服务设施建设等建议。王培培、李文（2016）根据地区特征、组织结构、经济发展水平等情况，以主体合作模式为标准，将PPP模式应用于社会养老服务体系建设的具体模式划分为合作共建、特定项目合作、统一完善合作、服务外包四种模式，最终实现社会养老服务体系的进一步发展和完善。

②关于社区和居家养老的研究。

关于社区和居家养老的相关研究目前比较多，主要从以下几个方面进行了研究。

一是对社区和居家养老服务供给需求及影响因素进行了研究。如，田奇恒、孟传慧（2012）重点剖析了重庆城镇空巢老人在经济、健康、情感和生活服务方面的保障需求，即对定期常规检查、保健服务需求较强，康复护理需求较低，亲情慰藉较欠缺。王莉莉（2013）利用中国老龄科学研究中心2000年“中国城乡老年人口状况一次性抽样调查”和2006年“中国城乡老年人口状况追踪调查”数据，深入分析了中国老年人的居家养老意愿及其对居家养老服务的需求、供给与利用情况。王裔艳（2015）运用“福利轮”视角，从供给、购买和决策三个维度来分析上海居家养老服务，发现上海居家养老服务类型相对较为单一，其主要原因归于公共部门发展缺位、政府补贴有待优化和个人决策严重被忽视。王武林、陈瑶（2016）通过对贵阳市老年人的问卷调查发现，老年人在经济保障、医疗保健、精神慰藉、社会参与、司法维权等方面存在巨大需求；而社区养老服务法律体系不完善。政府主导作用尚未显现、社区供给能力不足、供需不统一、社区管理能力不强、老年人自身的经济状况和健康状况不同、养老服务市场尚未全面建成等是老年人养老服务需求的主要影响因素。

二是对社区和居家养老中的服务途径进行了研究,这主要集中在“互联网+”和社会组织参与等方面。如,童星（2015,2017）和潘峰、宋峰（2015）认为“互联网+社区居家养老服务”可以促使社会各方面资源进入社区为居家老人服务，主张构建智能化居家养老的服务方式。石刚、李子平（2015）初步设计了社区智能养老服务系统。廖鸿冰、李斌（2014）和潘昱君、孔凡飞（2016）分析了社会工作介入社区居家养老的必然性，同时对社会工作在社区居家养老中的本土化、专业化和职业化发展道路进行了探索。

三是对社区和居家养老整体发展模式的探讨。如，刘焕明、蒋艳（2015）认为应通过制度强化社区养老地位、完善社区基础养老设施、增强社区养老服务人员专业性、创新社区养老服务设计、因地制宜发展社区养老等途径来切实满足多样化的养老需求。周敏（2015）认为我国居家养老服务应走公共服务的产业化道路，关键是政府、市场和家庭的职能需要合理定位。陈为智（2016）认为，社区居家养老福利政策中心化、服务主体三位一体，需求导向、制度植入，服务的社会化、市场化趋向等是未来社区居家养老可持续发展的着重考虑因素。

③关于机构养老的研究。

关于机构养老，诸多学者分析总结了养老机构面临的问题，并提出了相关建议。如，蒋秋桃（2015）认为当前养老院运行存在体制、政策制约，公办的进不去、民办的住不起，待遇差、工资低，负担重、效益差等问题；需要出台养老院管理政策，利用闲置公共资源，实行医疗、养老、护理三结合，兴办社区自助型养老所。程亮（2015）阐述了医养融合型养老机构的必要性和面临的困境，指出应从政策、管理和操作层面入手进行改革完善。程启智、罗飞（2016）认为中国公办养老机构存在引致总量供给不足、区域分布不均、种类搭配不合理，以及行业发展环境恶化、内部改善动力缺失等一系列问题，指出 PPP 模式是公办养老机构改革改制的一个可行路径。董红亚（2016）认为在养老机构公建民营改革的推进过程中，出现了目标性偏离、功能性质不明、风险预判及防范不足、权益保护措施欠缺、国有资产安全存在隐患等问题，应明确公建民营后机构的公益属性和职能、风险防范措施、设施使用费的计算和收益属性以及国有资产管理办法等，以保障各方权益。另外，丁华、徐永德（2014）对养老机构服务质量管理进行了研究；王章安（2015）对机构养老服务标准体系进行了相关分析。

④关于农村养老服务的研究。

关于农村养老服务的研究，有的学者对农村养老服务供给与需求进行了研究，如，黄俊辉以及李放（2014）、张国平（2014）对江苏省农村老人，王俊文、杨文（2014）对江西赣州农村老人，王振俊（2016）对甘肃省农村老人的社会养老服务需求及影响因素进行了调研；吉鹏、李放（2015）对江苏省农村养老服务的供给现状及问题进行了分析；杨成波（2015）对农村居家养老中新的社区照护、老年食堂、村级养老院和户院挂钩的供给模式进行了分析；夏玉珍、徐大庆（2015）认为以项目化的财政转移支付可以最大限度地有效利用、管理、监督财政资金，实现高效、技术化、标准化的农村养老服务供给；包先康（2016）、张举国（2016）对农村养老服务协同供给进行了探讨。有的专门针对某类特殊群体的养老问题进行了研究，如，王飞鹏、王君玲（2013），彭金玉（2013），于颖、侯丽媛（2015）分别对农村空巢老人养老服务问题进行了调查研究；谢启文、王丹（2012）则对农村五保老人养老问题进行了探讨。还有的学者针对农村机构养老服务进行研究，如，姜彦国（2011）、秦俭（2014）对农村养老服务机构存在的问题进行了分析。

⑤关于政府购买养老服务的研究。

围绕政府购买养老服务，部分学者对政府购买财务问题进行了探讨，如，姜宏青，高伟霞（2015）对政府购买养老服务的交易价格计量问题进行了探讨；邹蕴涵（2016）对我国政府采购养老服务资金规模进行了具体测算。部分学者从购买模式及制度完善方面进行了研究，如，李长远（2015）总结了各地政府购买居家养老服务形式性购买、委托性购买和契约化购买三种典型模式；于水、李波（2015）认为各地方政府在购买养老服务方面呈现出本地化、层次化、资格化、补贴标准趋同化的特征，体现出在服务范围与补贴标准上的不公平性；倪东生、张艳芳（2015）提出需从规范政府预算程序和机制、建立以省级政府为主的购买经费分担机制、培育社会组织承接能力、建立专业人员培养机制等方面建立一套政策改革框架。

（2）关于京津冀养老服务的研究

关于京津冀养老服务问题，目前相关学者从社区和居家养老、机构养老、农村老年人养老及整体发展四个角度对北京、天津、河北的养老服务进行了分别研究；少数学者对京津冀养老服务协同发展进行了初步研究。

①关于北京市养老服务的研究。

在社区和居家养老方面，姜向群、郑研辉（2015），孙继艳、郝晓宁（2016），余杰、Mark W.Rosenberg（2015），李倩（2013），郭淑婷（2016），徐志立、王红霞（2015），赵怡冰（2014）等围绕北京市社区和居家养老的供给需求问题进行了多角度研究，认为存在社区供给服务与设施建设不足、服务人才严重缺乏等问题，倡导社区养老服务网络信息化建设、因地制宜合理配置服务资源、优化社区照料中心建筑设计等建议。

在机构养老方面，张华、韩琳琳（2012），颜秉秋（2015），陶卓霖、程杨（2015），席晶、程杨（2015）等对北京市养老机构布局特点及影响因素进行了研究，认为养老机构布局受政策、地价、人口、交通、环境等多因素影响，忽视对空间布局的管控，养老机构床位空置率有可能出现继续上升，须制定城市中心区养老机构的比例，同时对养老机构的定价、选址和服务质量采取必要管控措施。尚珂、栗智慧（2015），赵雪伶（2015），郭全中（2016）对北京市养老机构存在的服务供给、监管和护理员等问题进行了分析，并提出相关措施。

在农村老年人养老方面，商果（2002），马泽春（2008），米峙（2010），包路林（2015），张英洪、刘妮娜（2015）先后对北京市农村养老问题进行了阐述，指出应注重人才队伍、项目审批以及拓宽资金来源等。

在整体发展方面，张晓亚（2016），王红（2015），李金娟（2015），卢新（2015），张栋（2016），陶涛、丛聪（2014），王璐（2015）等从整体上对北京市养老服务的供需、老年人养老方式的选择及影响因素等进行了探讨。

②关于天津市养老服务的研究。

在社区和居家养老方面，安然、王小春（2011），陈小进（2013），文太林、张孟瑶（2014），张雪筠（2014）对天津市社区和居家养老服务存在的问题、居家养老服务需求和满意度以及社区养老设施建设进行了调研分析，认为存在资金来源单一、覆盖率低、工作人员缺乏等问题，行政化的服务体系是阻碍居家养老服务发展的重要因素，因此需要建立多元化的居家养老服务组织体系。

在机构养老方面，祝向军、董琳（2011），关信平、赵婷婷（2012），陈静

（2012），李友得（2013），崔旭妍（2014），王庆（2014），卞国凤（2014），国家统计局天津调查总队课题组（2015）等分别对天津市养老机构进行了多方面调查研究，认为存在国营养老机构经营成本高、民营养老机构入住率低、养老护理人员短缺等问题，并提出了相应建议。另外，王丽娟（2013）对养老院户外环境设计进行了针对性研究。

在农村老年人养老方面，刘畅（2013）、路瑜（2014）分别对天津市郊区农村养老服务进行了探讨，认为政府对于大城市郊区农村老年人养老的支持力度相对下降，应建立以政府为主导、注重社会组织承接的多元化农村养老服务体系。

在整体发展方面，曹钧（2010），天津市民政局（2013），杜菲菲（2013），王芃、王庆（2016），中共天津市委党校第98期进修一班“社会建设问题研究”课题组（2016），杨健、张金峰等（2016）从全局角度，对天津市养老服务建设问题进行了调查研究和总结，认为在取得一系列成效基础上，还存在部分养老设施陈旧、部分养老项目审批难、民营养老机构发展良莠不齐、农村养老服务偏后等问题，并提出了相关对策。

③关于河北省养老服务的研究。

在社区和居家养老方面，张小燕、李静思等（2012），陈玉娟、李立等（2013），向平萍（2014），张金峰、常亚婷（2015），魏民、邢凤梅等（2016）分别对石家庄市、唐山市、张家口市、保定市的社区和居家养老服务需求及影响因素、存在的问题进行了调研分析，提出应从人力、物力、财力、组织等多途径发展河北省社区和居家养老服务。

在机构养老方面，王芳（2015）对河北省养老机构发展状况进行了分析，认为存在养老机构数量不足、整体发展水平低、配套设施不达标、服务水平亟须提升等问题，并提出相关对策建议。郭宇畅、郭晨晓（2016）重点探讨了河北省养老机构在京津冀一体化背景下的发展机遇。

在农村老年人养老方面，夏敬哲（2012）对河北省农村老年人的居家养老服务需求进行了调查研究，付亮（2014）对河北省农村机构养老服务存在的问题进行了分析，认为应加强养老机构发展规划和政策支持、完善发展模式、加强基础设施建设等方面。李超（2014）、成瑶（2016）对河北省农村养老服务的供给方面进行了研究，认为存在供给定位不准、服务水平有待提高、服务资金短缺等问题，应建立多模式协调发展的养老服务体系。李秀芳，刘建军等（2015）对河北省农村空巢老人的养老状况进行了调研，发现诸多资源较缺乏。杨勇刚、董芳（2014），周梦冉、刘亚丽（2015），宋凤轩、崔达（2015），邱红洁、赵禹等（2015）则从整体视角进行了研究，并提出相关对策。

在整体发展方面，郭雯（2015）、赵艳华（2015）从河北省养老服务供需角度进行了研究，张蕾蕾（2014）、刘艳娥（2015）对河北省养老服务社会化发展的历程、老年人现在生活状态、对养老服务社会化的了解和需求等进行了研究，郜宇红（2014）、刘静（2015）、王霏怡（2015）、李欣（2015）对河北省养老服务体系进行了较系统的研究，孙伊凡（2015）则对河北省支持社会养老服务业发展的财政政策进行了深入分析。

④关于京津冀养老服务协同发展的研究。

许连颖（2014）认为，处于京津之间的廊坊市应主动对接京津地区的老年服务市场。任兰兰、韩竞瑶等（2014）从服务需求、服务队伍、服务内容、服务效果等四个方面对京津冀三地社区居家养老服务模式进行了综合比较和分析。刘莉（2014）通过分析三地各自的难点和优势，探索京津冀协同构建养老服务体系的可行性。孙健夫、戴璐玮（2015）探讨了京津冀养老服务业协同发展的环境、目标与原则。谷彦芳、赵怡然等（2015），董丽锐（2016）探讨了河北省承接北京养老服务功能面临的问题。马艳林、李艳杰等（2015）结合京津冀地区老年人口的健康状况、居住方式、主要生活来源等情况，探讨了三地老年人口养老模式的选择问题。辜胜阻、王建润等（2017）认为应加快三地社会养老服务制度、标准、设施与人才队伍建设的统一化，扩大社会养老服务有效供给，积极探索京津冀医养结合创新发展模式。蔡玲（2017）认为应加强统筹规划，将政府力量和市场力量有机结合，鼓励和吸引民间资本进入养老服务业，不断提高医疗养老结合与社区养老服务能力，建立三地养老服务协同发展长效机制。

(3) 研究述评

相关研究及实践不乏真知灼见，对我国社会养老服务体系建设起到了重要积极的推动作用。这些成果无论在思路和观点方面，还是在理论和研究方法上，对本书均具有重要启示和借鉴价值。但整体上，综观诸多研究发现，其研究视角要么宏观抽象至全国整体而论，要么微观具体至某一个省份、城市甚或某一个社区村庄，而从中观层次即区域协同视角出发的研究则鲜有所见。所以，在养老服务体系建设领域，京津冀养老服务协同发展具有较重要的引领示范作用。

2. 国外研究综述

由于西方发达国家的社会养老服务体系比较健全，故相关研究主要侧重于已有养老制度和体系的实践效果，或倾向于养老模式及服务设施手段的研究。如，Biedenharn P，Normoyle（1991）认为，老年人对养老机构护理院的护理质量、护理成本和生活质量等方面的担心，导致其对养老机构护理院持有恐惧心理。E.Henriksen，G.Selander，U.Rosenqvist（2003）等对政府和管理者对养老护理的认识问题进行了研究。Wada，Kazuyoshi（2003）等对老年人健康服务设施中的机器人进行了智能设计和试验，Katayama，Megumi（2009）等对利用温泉对偏远下雪地区老人进行养老服务的效果进行了分析。Grudinschi，Kaljunen，et al.（2013）认为老年人照料的跨部门合作因面临服务碎片化、资源有限性和服务质量控制等问题，需要各部门在相互认同基础上探索有益的合作方式。Zuba，Schneider（2013）对工作场所特征对平衡照料者工作与生活冲突的作用进行了探讨。Anderson，Malone（2014）探讨了多功能服务模式对小的村庄和偏远地区老年人健康照料的适用问题。

不同国家的学者对本国养老服务具体问题都进行了相关研究，如，Andrew J.Cherlin（1996）介绍了英国社区照顾服务体系，该体系主要由经理人、主要工作人员和照顾人员组成。经理人为总负责人，掌管资金分配、人员聘用和工作监督；主要工作人员服务照顾社区内一定数量的老年人，了解老人的需要及解决一些重要问题；照顾人员是受雇直接从事老年人生活服务的人，政府给予他们一定的服务补贴。Liu K.Manton（2000）通过对服务时间需求的研究发现，在美国约75%的居住在社区的失能老人接受过长期照护服务，平均接受时间为每周21.6小时，15%的人有需求但没有接受过任何照料。Radermacher，Karunarathna（2011）等对澳大利亚多元文化社区老年人照料模式进行了研究，指出通过培训统一认识和向弱势一方提供资源是多元文化社区合作的合适途径。Doniol-Shaw，Lada（2011）通过对法国照料工作时间分配的研究认为，照料工作碎片化降低服务质量，影响照料者的身心健康，强调了照料者工作经验与合理配置照料时间在养老服务中的重要性。Cristiano Gori（2012）对意大利养老服务存在的问题进行了深入分析。Soichi Koike，Yuji Furui（2013）对日本基于家庭的老年长期护理问题进行了深入研究。Iwamoto，Miyuki，Kuwahara，Noriaki（2014）等探讨了对失能失智老人的一种替代治疗护理，以减轻护理人员的负担。Habibullab Ansari（2015）通过对印度严重失能老年人养老状况的调查发现，由于社会养老服务的缺失，以及子女照料的减少，其老年生活质量很低。

在具体实践上，荷兰、法国、德国、卢森堡和以色列、日本、韩国等七个欧亚国家先后建立了与养老服务密切相关的长期护理保险制度。

综上可见，西方学者对养老服务的研究体现了从“机构照顾”到“社区照顾为主，机构照顾为辅”的认识脉络，在确立了社区居家养老为主的思路后，对其涉及的诸多具体问题进行了较细致的定量分析研究。此外，一些西方国家还建立了长期护理保险制度，其对老年人的晚年生活起到了重要作用。

二、我国养老服务体系建设发展历程

纵观几千年的发展史，家庭养老是我国传统社会最主要的养老模式，在家庭养老模式的基础上，新中国成立后，我国针对老年人口的养老服务经历了从“国家（集体）－家庭”养老逐步过渡到“社会－家庭”养老的发展历程。

1.“国家（集体）－家庭”养老阶段

这一阶段是指新中国成立到经济体制转型时期（1949—1978 年）。在这一阶段的前期（1949—1956 年），老年人的养老照护主要由家庭或宗族邻里负责。老年人的养老物质保障，在城镇，由机关、企事业单位提供基本养老保障；在农村，通过土地改革，实现“耕者有其田”，以土地实现养老保障。党和政府主要针对部分特殊老人实施临时救助。当时创办的福利机构——生产教养院初创主要收容城镇流离失所人口，其中就包括部分孤寡老人，1953 年年底，全国有此类机构 920 个，先后收容孤老达 10 万人左右。[1]1956 年实行生产合作化和人民公社以后，国家推行集体经济公有制，我国第一次有了集体养老服务的保障机制——“五保”制度。[2]全国人大一届三次会议 1956 年 6 月 30 日通过的《高级农业合作社示范章程》及《1956 年到 1957 年全国农业发展纲要》明确规定，对农村合作社中缺乏劳动力、生活没有依靠的鳏寡孤独的社员，实行保吃、保穿、保烧、保教、保葬的“五保”制度。为了落实“五保”制度，1956 年，黑龙江省拜泉县兴华乡第一个办起敬老院。1958 年，中共八届六次会议通过的《关于人民公社若干问题的决议》指出：“要办好敬老院，为那些无子女依靠的老年人（五保户）提供一个较好的生活场所。”当年年底，全国共有 15 万多所敬老院，收养“五保”老人 300 余万人。[3]住在敬老院中的老人，由政府或集体提供物质保障和养老照护。其他老年人则通过配给制度由集体提供物质保障，由家庭负责养老照护。同时，在城镇，生产教养院经过社会主义改造，逐步演变为养老院等，1961 年，内

[1] 董红亚．中国政府养老服务发展历程及经验教训 [J]. 人口与发展，2010（5）：83.

[2] 李放，张娜，沈苏燕．农村社会养老服务需求与发展路径研究 [M]. 北京：科学出版社，2016：37.

[3] 董红亚．中国政府养老服务发展历程及经验教训 [J]. 人口与发展，2010（5）：84.

务部专门整顿生产教养院等福利机构，明确其福利性质；到 1964 年，全国有福利机构 733 个，收养城镇“三无”老人 7.9 万人。❶

2. 转型探索阶段

这一阶段是指我国进入经济体制转型时期到步入老龄化社会之间的时期（1979—1999 年）。此阶段，我国进行了市场经济体制改革，并探索建立了社会保障制度体系。在养老服务等社会福利事业方面，主要是提出了“社会福利社会化”的转型思路。

1979 年，民政部在全国城市救济福利工作会议上提出，要在做好“三无”老人收养工作的前提下开展孤老职工的自费收养工作。❷1983 年，时任民政部部长崔乃夫在第八次全国民政会议上提出：“社会福利事业国家可以办，社会、团体可以办，工厂、机关可以办，街道可以办，家庭也可以办。”1984 年召开的全国城市福利事业单位改革整顿经验交流会议上，被进一步明确为四个“转变”，即国家办的福利机构要进一步由国家包办向国家、集体、个人一起办的体制转变，由救济型向福利型转变，由供养型向供养康复型转变，由封闭型向开放型转变。1986 年，民政部正式提出了“社会福利社会办”的概念，调动社会各界投入社会福利事业。1987 年开始倡导社区服务，服务对象逐步实现社会化，到 1988 年，城镇达到 1.7 万人，农村达到 9000 人，分别占到收养人员的 24% 和 2%。❸1994 年，民政部等 10 部委发布了《中国老龄工作七年发展纲要（1994—2000）》，提出要多渠道筹措老龄事业发展资金。1996 年，出台了《中华人民共和国老年人权益保障法》（该法后经 2009 年修正、2012 年修订，最新内容于 2013 年 7 月 1 日起施行），进一步指出国家要鼓励和扶持社会组织或者个人兴办老年福利院、敬老院、老年公寓、老年医疗康复中心和老年文化体育

❶ 董红亚．中国政府养老服务发展历程及经验教训 [J]．人口与发展，2010（5）：83.

❷ 李小兰．我国养老服务公共政策结构的失衡与纠偏 [J]．探索，2015（6）：104.

❸ 董红亚．中国政府养老服务发展历程及经验教训 [J]．人口与发展，2010（5）：84.

活动场所等设施。1998 年 3 月，民政部选择上海、温州、苏州等 13 个城市开展社会福利社会化试点。❶1999 年 12 月，颁布《社会福利机构管理暂行办法》(民政部〔1999〕19 号)，明确了社会福利机构设置的基本标准。同年还颁布了《老年人建筑设计规范》(JGJ 122-1999）对老年人居住建筑的建筑设计、建筑设备和室内设施进行了规范界定。

在农村，由于农村联产承包责任制的实行，原有农村集体组织的职能逐步弱化，1994 年，国务院公布实施《农村五保供养工作条例》(国务院令〔1994〕141 号)，使五保供养制度实现了法制化。1997 年颁布《农村敬老院管理暂行办法》(民政部〔1997〕1 号)，对敬老院的供养对象、院务管理、生产经营等方面进行了规定。最后，在敬老院、社区等社会福利机构提供养老服务之外，家庭仍然是大多数老人的养老服务主体。

3.“社会－家庭”养老阶段

这一阶段是指我国步入老龄化社会至今（2000 年至现在）。由于前一阶段的探索转型以及人口老龄化和家庭的核心化导致家庭照护越来越力不从心，老年人养老服务社会化的重要性日益体现，社会养老服务日益成为民生热点，社会养老服务体系逐步建设和完善起来。在此阶段，自《关于加快实现社会福利社会化的意见》(国办发〔2000〕19 号）和《关于加强老龄工作的决定》(中发〔2000〕13 号）颁布后，围绕社会养老服务体系建设，民政部及其他部门颁布了一系列政策文件，对我国养老服务设施、人员队伍、资金、服务内容及整个体系规划发展等多方面进行了探索，使得我国社会养老服务事业得到较快发展。

❶ 李小兰．我国养老服务公共政策结构的失衡与纠偏［J］．探索，2015（6）：105.

表2.1　2000年以来我国社会养老服务建设主要政策文件

年份	制定部门	政策文件	主要内容
2000	民政部等 11 部委	《关于加快实现社会福利社会化的意见》（国办发〔2000〕19 号）	社会福利社会化
2000	国务院	《中共中央国务院关于加强老龄工作的决定》（中发〔2000〕13 号）	老年服务社会化，发展养老服务业
2000	财政部、国家税务总局	《关于对老年服务机构有关税收政策问题的通知》（财税〔2000〕97 号）	对福利性、非营利性的老年服务机构，暂免征收企业所得税，房产税、城镇土地使用税等，进行税收免除
2000	民政部	《“社区老年福利服务星光计划”实施方案》	通过发行福利彩票筹集的福利金，绝大部分（约 40 亿～50 亿元）用于资助城市社区的老年人福利服务设施、活动场所和农村乡镇敬老院的建设
2001	国务院	《中国老龄事业发展“十五”计划纲要（2001—2005）》	初步建成养老设施网络；城市养老机构床位数达到每千名老人 10 张，农村乡镇敬老院覆盖率达到 90%；初步形成以社区为依托的老年照料服务体系
2001	民政部	《老年人社会福利机构基本规范》（MZ 008—2001）	对老年人社会福利机构的膳食、护理、康复、心理等方面做出了较具体要求
2001	住建部、民政部、中国残联	《城市道路和建筑物无障碍设计规范》（JGJ 50—2001）	已废止
2002	共青团中央、全国老龄委办公室	《关于实施“志愿者为老服务金晖行动”的意见》（中青联发〔2002〕22 号）	积极推动在已有的社区老年福利服务设施、场所建立为老服务站；探索志愿服务时间储蓄制度；形成志愿者为老服务接力机制
2003	住建部、国家质量监督检验检疫总局	《老年人居住建筑设计标准》（GB/T 50340—2003）	对老年人居住建筑的规划设计、室内设计、建筑设备、室内环境等方面制定了系统设计标准；可作为普通住宅的潜伏设计

续表

年份	制定部门	政策文件	主要内容
2005	民政部	《关于开展养老服务社会化示范活动的通知》	在全国城市开展养老服务社会化示范活动；将发展老年福利服务的资金列入财政预算
2005	全国老龄办等 20 部委	《关于加强老年人优待工作的意见》	明确优待服务的对象，对老年人提供养老优待、医疗优待、生活服务优待、文体休闲优待、维权服务优待等
2005	民政部	《关于支持社会力量兴办社会福利机构的意见》（民发〔2005〕170 号）	对社会办福利机构的用电按当地最优惠价格收费，用水按居民生活用水价格收费；对社会办福利机构使用电话等电信业务要给予优惠和优先照顾及其他税费减免
2006	民政部	《关于开展“全国养老服务社会化示范单位”创建活动的通知》（民函〔2006〕292 号）	拟定示范单位基本标准
2006	国务院	《关于加强和改进社区服务工作的意见》（国发〔2006〕14 号）	加快老年公共服务设施和服务网络建设；具备条件的地方，可开展老年护理服务，兴建退休人员公寓；指导志愿组织和志愿人员开展老年服务等工作
2006	全国老龄办等 10 部委	《关于加快发展养老服务业的意见》	中国特色养老服务体系
2006	国务院	《农村五保供养工作条例》（国务院令〔2006〕456 号）	在吃、穿、住、医、葬方面给予村民的生活照顾和物质帮助；农村五保供养资金，在地方人民政府财政预算中安排
2006	民政部、国家发展和改革委员会（以下简称国家发改委）	《民政事业发展第十一个五年规划》	大力推动养老服务社会化示范活动；开展居家养老服务；实施爱心护理工程，加强养老服务、医疗救助、家庭病床等面向老年人的服务设施建设；逐步推进政府购买服务的试点工作

续表

年份	制定部门	政策文件	主要内容
2006	民政部	《“农村五保供养服务设施建设霞光计划”实施方案》	2006—2010 年，以彩票公益金资助为手段，建设一批农村五保供养服务设施，基本满足农村五保供养对象集中供养需求，保证每户分散供养对象拥有一间达到当地一般居住条件的住房
2006	民政部	《社会工作者职业水平评价暂行规定》（国人部发〔2006〕71 号）	对在社会福利、社会救助、社会慈善、残障康复、优抚安置、卫生服务、青少年服务、司法矫治等社会服务机构中从事专门性社会服务工作的主要技术人员，即社会工作者的考试、义务与职业能力、登记等进行了规定
2006	人事部、民政部	《助理社会工作师、社会工作师职业水平考试实施办法》（国人部发〔2006〕71 号）	对助理社会工作师、社会工作师职业水平考试的组织、报名条件、考试科目、有效期等问题做出规定
2006	全国老龄办	《关于加强基层老龄工作的意见》（全国老龄委发〔2006〕2 号）	面向基层，不断提高老年人的生活质量，要求落实老龄政策法规、完善为老服务设施、强化为老服务功能、维护老年人合法权益、组织开展老年文化教育体育活动
2007	建设部	《城镇老年人设施规划规范》（GB 50437—2007）	对城镇老年人设施的新建、改建或扩建中的分级、规模和内容、布局和选址、场地规划进行了规定
2007	民政部办公厅	《关于印发〈“蓝天图书室”和“夕阳红图书室”援建活动实施方案〉的通知》（民办函〔2007〕147 号）	计划在“十一五”期间分三批完成，首批援建城市老年社会福利机构和社区星光老年之家，数量为 1.2 万个；每个图书室援建 200 个品种的图书

续表

年份	制定部门	政策文件	主要内容
2008	全国老龄办等 10 部委	《关于全面推进居家养老服务工作的意见》(全国老龄办发〔2008〕4 号)	明确了居家养老服务的重要意义，“十一五”期间，全国城市社区基本建立起多种形式、广泛覆盖的居家养老服务网络；力争 80% 左右的乡镇拥有一处集院舍住养和居家养老等多种服务功能于一体的综合性老年福利服务中心，1/3 左右的村委会和自然村拥有一所老年人文化活动和服务的站点；对养老院类的养老服务机构提供的养老服务免征营业税，对各类非营利性养老服务机构免征自用房产、土地的房产税、城镇土地使用税等
2009	全国老龄办	《关于开展老年宜居社区和老年友好城市（城区）试点工作的通知》	全国老龄办决定在上海市黄浦区、江苏省南京市玄武区和黑龙江省齐齐哈尔市建华区进行老年宜居社区试点；在山东省青岛市、上海市杨浦区、上海市长宁区、黑龙江省齐齐哈尔市、浙江省湖州市和辽宁省营口市鲅鱼圈区进行老年友好城市（城区）试点
2009	民政部	《关于印发社会工作者职业水平证书登记办法的通知》(民发〔2009〕44 号)	对社会工作者职业水平证书登记办法进行了具体规定
2010	民政部	《社区老年人日间照料中心建设标准》(建标 143—2010)	对社区老年人日间照料中心的建设内容和项目构成、建设规模及面积指标、选址及规划布局、建筑标准及有关设施做了规定
2010	民政部	《敬老院设施建设指导意见（试行）》	对敬老院的建设任务、建设规模及内容、项目选址和建设用地、建设面积指标、建筑布局及建筑标准、建筑设备、设施和基本装备标准做出具体规定

续表

年份	制定部门	政策文件	主要内容
2010	民政部	《农村五保供养服务机构管理办法》（民政部令〔2010〕37 号）	对农村五保供养机构的规划与建设、服务对象、供养内容、内部管理和工作人员做了规定
2010	住建部、国家发改委	《老年养护院建设标准》（建标 144—2010）	对政府投资的老年养护院的建设规模及项目构成、选址和规划布局、建设面积和用地指标、建筑标准、建筑设备和室内环境、基本设备做出具体规定
2010	民政部	《关于进一步推进志愿者注册工作的通知》	以城乡社区和社会服务机构为依托，大力推进志愿者注册工作；加强培训和激励机制建设，促进志愿服务持续有效开展
2011	国务院	《中国老龄事业发展“十二五”规划》（国发〔2011〕28 号）	居家养老和社区养老服务网络基本健全，全国每千名老年人拥有养老床位数达到 30 张；全面推行城乡建设涉老工程技术标准规范、无障碍设施改造和新建小区老龄设施配套建设规划标准；加强老年社会管理工作
2011	国务院	《社会养老服务体系建设规划（2011—2015 年）》（国办发〔2011〕60 号）	对社会养老服务体系做出明确定义和功能定位
2011	民政部	《关于加强社会工作专业人才队伍建设的意见》（中组发〔2011〕25 号）	大力加强社会工作人才教育培训，推进人才评价和激励工作
2012	全国老龄办	《关于加强基层老年协会建设的意见》	城乡社区基层老年协会是老年人自我管理、自我教育、自我服务的老年群众组织；“十二五”期间，全国成立老年协会的城镇社区争取达到 95% 以上，农村社区（村）达到 80% 以上
2012	国务院	《无障碍环境建设条例》（国务院令〔2012〕622 号）	城镇新建、改建、扩建道路、公共建筑、公共交通设施、居住建筑、居住区，应当符合无障碍设施工程建设标准

续表

年份	制定部门	政策文件	主要内容
2012	民政部	《关于开展“社会养老服务体系建设推进年”活动暨启动“敬老爱老助老工程”的实施意见》(民发〔2012〕35号)	到2015年，全国养老床位总数达到660万张；居家和社区养老服务基本覆盖100%城市社区和50%以上的农村社区
2012	国务院	《国家基本公共服务体系“十二五”规划》(国发〔2012〕29号)	有条件的地方可发放高龄老年人生活补贴和家庭经济困难的老年人养老服务补贴；将符合条件的农村老人全部纳入农村五保供养范围，实行分散供养与集中供养相结合；鼓励居家养老，拓展社区养老服务功能，引导社会资本参与养老服务机构建设和管理运行
2012	全国人大常委会	《中华人民共和国老年人权益保障法》	对1996年的《中国人民共和国老年人权益保障法》进行了修订；家庭成员应当关心老年人的精神需求；与老年人分开居住的家庭成员，应当经常看望或者问候老年人；增加了社会优待、宜居环境建设等内容
2012	全国老龄办	《关于进一步加强老年文化建设的意见》(全国老龄办发〔2012〕60号)	将老年文化建设纳入基本公共文化服务体系和城乡规划；公共文化服务设施，向老年人免费或优惠开放
2012	国务院	《服务业发展“十二五”规划》(国发〔2012〕62号)	以家政服务、养老护理和病患陪护服务等从业人员为重点，开展订单式培训、定向培训和在职培训；“十二五”时期，每年培训100万人；培育发展专业化的养老服务机构，鼓励民间资本和境外资本开发养老服务项目，大力拓展养老服务领域

续表

年份	制定部门	政策文件	主要内容
2012	中央委员会	《坚定不移沿着中国特色社会主义道路前进为全面建成小康社会而奋斗——在中国共产党第十八次全国代表大会上的报告》	积极应对人口老龄化，大力发展老龄服务事业和产业
2012	建设部、民政部、中国残联	《城市道路和建筑物无障碍设计规范》（GB 50763—2012）	对城市道路、居住区、房屋建筑实施无障碍设计的范围及要求做出规定
2012	民政部	《社会养老服务发展监测指标体系》	从人口数据、福利补贴、服务保障、资金保障、队伍建设五方面建立监测指标体系
2012	民政部	《社会工作专业人才队伍建设中长期规划（2011—2020年）》	到2020年，社会工作专业人才总量增加到145万人，其中中级社会工作专业人才达到20万人、高级社会工作专业人才达到3万人；重点扶持发展300家社会工作专业人才培训基地，其中国家层面发展50家并纳入国家专业技术人才知识更新工程国家级继续教育基地建设范围
2012	民政部	《养老护理员国家职业技能标准》（2011年修订）	对养老护理人员的分级及服务要求进行了规定
2012	民政部	《关于鼓励和引导民间资本进入养老服务领域的实施意见》（民发〔2012〕129号）	鼓励民间资本参与居家和社区养老服务；举办养老机构或服务设施；参与提供基本养老服务；参与落实民间资本参与养老服务优惠政策；加大对民间资本进入养老服务领域的资金支持（各级民政部门福利彩票公益金每年留存部分要按不低于50％的比例用于社会养老服务体系建设）
2012	民政部、财政部	《关于政府购买社会工作服务的指导意见》（民发〔2012〕96号）	对政府购买社会工作服务的主体、对象、范围、程序与监督管理、组织领导进行了规定

续表

年份	制定部门	政策文件	主要内容
2012	国家发改委、国家体育总局	《“十二五”公共体育设施建设规划》	大力加强公共体育设施建设，不断满足人民群众日益增长的体育公共服务需求
2012	国家发改委、国家体育总局	《“十二五”公共体育设施建设指导手册（试行）》	对公共体育选址、建设项目、场地要求、安全防护等方面做出具体规定，倡导全民健身
2013	国务院	《关于加快发展养老服务业的若干意见》（国发〔2013〕35号）	到2020年，全面建成以居家为基础、社区为依托、机构为支撑，功能完善、规模适度、覆盖城乡的养老服务体系；90%以上的乡镇和60%以上的农村社区建立包括养老服务在内的社区综合服务设施和站点；全国社会养老床位数达到每千名老年人35～40张；必须按照人均用地不少于0.1平方米的标准，分区分级规划设置养老服务设施；推动和扶持老年人家庭无障碍设施改造，加快推进坡道、电梯等与老年人日常生活密切相关的公共设施改造；推进医疗卫生与养老服务相结合
2013	国务院	《关于促进健康服务业发展的若干意见》（国发〔2013〕40号）	大力发展医疗服务、加快发展健康养老服务、积极发展健康保险、全面发展中医药医疗保健服务、支持发展多样化健康服务等
2013	国务院	《关于开展公办养老机构改革试点工作的通知》（民函〔2013〕369号）	公办养老机构应当优先保障孤老优抚对象以及经济困难的孤寡、失能、高龄等老年人的服务需求，充分发挥托底作用；公办养老机构特别是新建机构应当逐步通过公建民营等方式，鼓励社会力量运营

续表

年份	制定部门	政策文件	主要内容
2013	民政部办公厅、国家发改委办公厅	《关于开展养老服务业综合改革试点工作的通知》（民办发〔2013〕23 号）	健全养老服务体系；引导社会力量参与养老服务；完善养老服务发展政策；强化城市养老服务设施布局；创新养老服务供给方式；培育养老服务产业集群；加强养老服务队伍建设等
2013	民政部	《养老机构设立许可办法》（民政部令〔2013〕48 号）	对养老机构设立的条件和程序、许可管理、监督检查、法律责任等进行了规定
2013	民政部	《养老机构管理办法》（民政部令〔2013〕48 号）	对养老机构的服务内容、内部管理、监督检查、法律责任等进行了规定
2013	国务院办公厅	《关于政府向社会力量购买服务的指导意见》（国办发〔2013〕96 号）	明确了政府向社会力量购买服务工作的购买主体、承接主体、购买内容、购买机制、资金管理、绩效管理
2013	全国老龄办等 24 部委	《关于进一步加强老年人优待工作的意见》	对老年人实行政务服务优待、卫生保健优待、交通出行优待、商业服务优待、文体休闲优待、维权服务优待等
2013	民政部	《关于推进养老服务评估工作的指导意见》（民发〔2013〕127 号）	探索建立评估组织模式，完善评估指标体系、评估流程，探索评估结果综合利用机制和监督机制
2014	民政部等 5 部委	《关于加强养老服务标准化工作的指导意见》（民发〔2014〕17 号）	加快健全养老服务标准体系；加强养老服务标准化研究
2014	住建部、国土资源部、民政部、全国老龄办	《关于加强养老服务设施规划建设工作的通知》（建标〔2014〕23 号）	凡新建城区和新建居住（小）区，须按人均用地不小于 0.1 平方米的标准，配套建设养老服务设施，并与住宅同步规划、同步建设；凡老城区和已建成小区无养老机构或现有设施没有达到规划和建设指标要求的，要限期通过购置、置换、租赁、腾退等方式开辟养老机构

续表

年份	制定部门	政策文件	主要内容
2014	住建部、民政部、财政部、中国残联、全国老龄办	《关于加强老年人家庭及居住区公共设施无障碍改造工作的通知》（建标〔2014〕100 号）	对老年人家庭无障碍改造、居住区公共设施无障碍改造等工作进行了具体规定
2014	国土资源部	《养老服务设施用地指导意见》（国土资厅发〔2014〕11 号）	要求细化养老服务设施供地政策、鼓励租赁供应养老服务设施用地、实行养老服务设施用地分类管理、加强养老服务设施用地监管
2014	民政部、保监会、全国老龄办	《关于推进养老机构责任保险工作的指导意见》	推进养老机构责任保险工作，养老机构责任保险应当覆盖老年人从入住养老机构开始接受服务的全过程；明确保险责任免除情形和除外责任，合理确定保费标准、赔付方式、责任限额和争议解决方式；鼓励各地制定补充条款或扩大保险范围；要建立费率浮动机制，实施等级费率和经验费率
2014	国家发改委、民政部等 10 部门	《关于加快推进健康与养老服务工程建设的通知》	到 2015 年，基本形成规模适度、运营良好、可持续发展的养老服务体系，每千名老年人拥有养老床位数达到 30 张，社区服务网络基本健全；到 2020 年，每千名老年人拥有养老床位数达到 35 ~ 40 张
2014	民政部、国土资源部、财政部、住建部	《关于推进城镇养老服务设施建设工作的通知》（民发〔2014〕116 号）	要求加强规划，分类实施，统筹推进城镇养老服务设施建设；新建居住（小）区要将居家和社区养老服务设施与住宅同步规划、同步建设、同步验收、同步交付使用；大型住宅开发项目的居家和社区养老服务设施可以适当分散布局，小型住宅开发项目可在相邻附近适当集中配置

续表

年份	制定部门	政策文件	主要内容
2014	民政部	《关于开展养老服务和社区服务信息惠民工程试点工作的通知》(民函〔2014〕325号)	通过开展试点工作，推动200个养老机构实现养老信息化管理服务，450个社区实现以居家社区养老服务为重点的社区信息一体化服务，创新养老服务和社区服务信息共享应用的管理机制和政策环境，建立养老机构示范服务信息网络，深化社区服务信息化建设应用
2014	财政部、国家发改委	《关于减免养老和医疗机构行政事业性收费有关问题的通知》(财税〔2014〕77号)	对非营利性养老和医疗机构建设全额免征行政事业性收费，对营利性养老和医疗机构建设减半收取行政事业性收费
2014	财政部、国家发改委、民政部、全国老龄办	《关于做好政府购买养老服务工作的通知》(财税〔2014〕105号)	到2020年，基本建立比较完善的政府购买养老服务制度；要求明确购买主体、界定承接主体、确定购买内容、规范服务标准、提供资金保障、健全监管机制、加强绩效评价
2014	财政部、民政部、全国老龄办	《关于建立健全经济困难的高龄、失能等老年人补贴制度的通知》(财社〔2014〕113号)	要求进一步加大公共财政支持力度，切实解决经济困难的高龄、失能等老年人的后顾之忧，推动实现基本养老服务均等化，从战略和全局的高度推动养老服务业发展
2014	国务院	《关于创新重点领域投融资机制鼓励社会投资的指导意见》(国发〔2014〕60号)	对非营利性医疗、养老机构建设一律免征有关行政事业性收费，对营利性医疗、养老机构建设一律减半征收有关行政事业性收费；养老机构用电、用水、用气、用热，按居民生活类价格执行；推广政府和社会资本合作（PPP）模式

续表

年份	制定部门	政策文件	主要内容
2015	国家发改委、民政部	《关于规范养老机构服务收费管理促进养老服务业健康发展的指导意见》（发改价格〔2015〕129 号）	建立市场形成价格为主的养老机构服务收费管理机制，科学合理制定政府投资兴办养老机构服务收费标准，进一步规范养老机构服务收费行为，切实落实相关收费和价格减免政策
2015	全国人大常委会	《中华人民共和国老年人权益保障法》	禁止对老年人实施家庭暴力
2015	民政部等 10 部委	《关于鼓励民间资本参与养老服务业发展的实施意见》（民发〔2015〕33 号）	鼓励民间资本参与居家和社区养老服务；鼓励民间资本参与机构养老服务，支持采取股份制、股份合作制、PPP（政府和民间资本合作）等模式建设或发展养老机构；支持民间资本参与养老产业发展；推进医养融合发展；完善投融资政策；落实税费优惠政策；加强人才保障
2015	民政部、国家开发银行	《关于开发性金融支持社会养老服务体系建设的实施意见》（民发〔2015〕78 号）	申请国家开发银行贷款支持的养老项目，应通过民政部门推荐或认可；重点支持下列五个方面：社区居家养老服务设施建设项目，居家养老服务网络建设项目，养老机构建设项目，养老服务人才培训基地建设项目，养老产业相关项目
2015	国务院办公厅	《国务院办公厅转发卫生计生委等部门关于推进医疗卫生与养老服务相结合指导意见的通知》（国办发〔2015〕84 号）	建立健全医疗卫生机构与养老机构合作机制；支持养老机构开展医疗服务；推动医疗卫生服务延伸至社区、家庭；鼓励社会力量兴办医养结合机构；鼓励医疗卫生机构与养老服务融合发展；完善投融资和财税价格政策；加强规划布局和用地保障；探索建立多层次长期照护保障体系

续表

年份	制定部门	政策文件	主要内容
2016	国务院办公厅	《国务院办公厅关于全面放开养老服务市场提升养老服务质量的若干意见》（国办发〔2016〕91 号）	加快推进养老服务业供给侧结构性改革，进一步放宽准入条件，优化市场环境，推进居家社区养老服务全覆盖，提升农村养老服务能力和水平，推进“互联网 +”养老服务创新，建立医养结合绿色通道，促进老年产品用品升级，发展适老金融服务
2016	全国老龄办、民政部、财政部、保监会	《关于开展老年人意外伤害保险工作的指导意见》（全国老龄办发〔2016〕32 号）	坚持政府引导、市场运作、体现公益、投保自愿的原则，60 周岁及以上老年人均可成为被保险人，对保险责任范围及困难老人保险补贴进行了阐述
2016	全国老龄办等 25 个部门	《关于推进老年宜居环境建设的指导意见》（全国老龄办发〔2016〕73 号）	推进老年人住宅适老化改造，支持适老住宅建设，强化住区无障碍通行，构建社区步行路网，发展适老公共交通，完善老年友好交通服务，优化老年人就医环境，提升老年健康服务科技水平，加快配套设施规划建设，加强公共设施无障碍改造，健全社区生活服务网络，构建适老信息交流环境，加强老年用品供给，大力发展老年教育等
2016	国家发改委、财政部、民政部	《关于印发〈养老服务体系建设中央补助激励支持实施办法〉的通知》（发改社会〔2016〕2776 号）	明确了中央预算内投资支持领域和福利彩票公益金支持领域的建设任务、评价指标、评价方法和奖励方式
2016	民政部	《关于确定 2016 年中央财政支持开展居家和社区养老服务改革试点地区的通知》（民函〔2016〕310 号）	民政部和财政部共同确定北京市丰台区等 26 个市（区）作为 2016 年中央财政支持开展居家和社区养老服务改革试点地区
2016	民政部、财政部	《关于中央财政支持开展居家和社区养老服务改革试点工作的通知》（民函〔2016〕200 号）	中央财政决定安排中央专项彩票公益金，通过以奖代补方式，选择一批地区进行居家和社区养老服务改革试点，促进完善养老服务体系

续表

年份	制定部门	政策文件	主要内容
2016	国家卫生计生委办公厅	《国家卫生计生委办公厅关于印发医养结合重点任务分工方案的通知》	确定了医养结合工作重点任务以及负责单位
2016	民政部办公厅、国家发改委办公厅	《关于开展以公建民营为重点的第二批公办养老机构改革试点工作的通知》（民办发〔2016〕15号）	继续扩大公建民营范围，丰富公建民营实施方式，发挥公建民营机构作用，提升公建民营规范化水平，加强公建民营机构监督管理，完善公建民营配套措施，稳步推进公办养老机构转企改制
2016	民政部等11部委	《关于支持整合改造闲置社会资源发展养老服务的通知》（民发〔2016〕179号）	充分挖掘闲置社会资源，将城镇中废弃厂房、医院等，事业单位改制后腾出的办公用房，乡镇区划调整后的办公楼，转型中的党政机关和国有企事业单位的培训中心、疗养院及其他具有教育培训或疗养休养功能的各类机构等，经一定程序，整合改造成养老机构、社区居家养老设施用房
2016	国家卫生计生委办公厅、民政部办公厅	《关于遴选国家级医养结合试点单位的通知》（国卫办家庭函〔2016〕511号）	通过开展医养结合工作试点，促进试点地区先行先试，积极探索，率先构建起覆盖城乡、规模适宜、功能合理、综合连续的医养结合服务网络
2016	中国人民银行、民政部、银监会、证监会、保监会	《关于金融支持养老服务业加快发展的指导意见》（银发〔2016〕65号）	要求大力完善促进居民养老和养老服务业发展的多层次金融组织体系，积极创新适合养老服务业特点的信贷产品和服务，支持拓宽有利于养老服务业发展的多元化融资渠道，着力提高居民养老领域的金融服务能力和水平
2016	民政部、国家卫生计生委	《关于做好医养结合服务机构许可工作的通知》（民发〔2016〕52号）	要求做好医养结合服务机构筹建指导工作，支持医疗机构设立养老机构，支持养老机构设立医疗机构

续表

年份	制定部门	政策文件	主要内容
2016	民政部	《关于确定第一批国家级医养结合试点单位的通知》	确定北京市东城区等 50 个市（区）作为第一批国家级医养结合试点单位（北京市：东城区、海淀区，河北省：石家庄市、邯郸市）
2016	国家发改委、民政部、中国残联	《“十三五”社会服务兜底工程实施方案》（发改社会〔2016〕2848 号）	到 2020 年，全国养老机构、特困人员供养服务设施（敬老院）和互助设施、光荣院和社区日间照料中心等设施的床位数达到每千名老年人 35 ~ 40 张，护理型床位比例达到 30% 以上
2017	民政部等 13 部委	《关于加快推进养老服务业放管服改革的通知》（民发〔2017〕25 号）	规范养老服务投资项目审批报建手续，简化优化养老机构相关审批手续，加强政府信息公开力度，提高政府精准推动养老服务发展能力（各地养老服务机构运营补贴发放方式应逐步由“补砖头”“补床头”向“补人头”转变，推进连锁化经营，创新服务设施供给方式）
2017	中国红十字会、民政部、全国老龄委办	《关于红十字会参与养老服务工作的指导意见》（中红字〔2017〕1 号）	到 2018 年，在 5 个省份 10 个城市开展红十字会参与养老服务工作试点，参与养老服务人员知识技能培训和医养结合服务，参与开展红十字养老志愿服务，参与兴办公益性养老机构，参与开展对老年人的公益援助项目
2017	工业和信息化部、民政部、国家卫生计生委	《智慧健康养老产业发展行动计划（2017—2020 年）》（工信部联电子〔2017〕25 号）	到 2020 年，基本形成覆盖全生命周期的智慧健康养老产业体系，建立 100 个以上智慧健康养老应用示范基地，培育 100 家以上具有示范引领作用的行业领军企业；突破核心关键技术，加强健康养老终端设备的适老化设计与开发，丰富智能健康养老服务产品供给，推广智慧健康养老服务，加强公共服务平台建设，建立智慧健康养老标准体系

续表

年份	制定部门	政策文件	主要内容
2017	国务院、全国老龄办、民政部、国家发改委、人社部、国家卫生计生委	《国务院关于印发〈“十三五”国家老龄事业发展和养老体系建设规划〉的通知》（国发〔2017〕13 号）	夯实居家社区养老服务基础，推动养老机构提质增效，加强农村养老服务，推进医养结合，加强老年人健康促进和疾病预防，发展老年医疗与康复护理服务
2017	民政部、公安部等 6 部门	《关于开展养老院服务质量建设专项行动的通知》（民发〔2017〕51 号）	到 2017 年年底，全国统一的服务质量标准和评价体系初具雏形，50% 以上养老院能以不同形式为入住老年人提供医疗卫生服务；到 2020 年年底，基本建立全国统一的养老服务质量标准和评价体系
2017	民政部、财政部	《中央财政支持居家和社区养老服务改革试点补助资金管理办法》（财社〔2017〕2 号）	明确了中央财政补助资金重点支持的领域包括：社会力量管理运营居家和社区养老服务设施；城乡敬老院、养老院等养老机构开展延伸服务；“互联网 +”居家和社区养老服务模式和智能养老技术应用；养老护理人员队伍建设；相关养老服务的标准化和规范化建设；医养结合；农村养老服务设施
2017	民政部	《关于应用全国养老机构业务管理系统加强养老机构发展监测的通知》（民函〔2017〕56 号）	正式启用全国养老机构业务管理系统，要求各地民政部门于 5 月 10 日前完成养老机构第一轮信息采集录入工作；该系统包含了机构基本信息、机构内部管理信息、机构服务质量信息、机构安全管理信息、入住对象信息、机构从业人员信息、机构房屋信息等八大类，共计 140 余项内容

第三章　北京市社会养老服务体系建设

一、社区和居家养老服务

1. 北京市人口老龄化状况

北京（Beijing），简称京，中华人民共和国首都、直辖市、国家中心城市、超大城市，全国政治中心、文化中心、国际交往中心、科技创新中心。目前全市总面积为 16 410.54km^2，包括 16 个市辖区县，包括首都功能核心区（东城、西城）、城市功能拓展区（海淀、朝阳、丰台、石景山）、城市发展新区（房山、通州、顺义、昌平、大兴）、生态涵养发展区（门头沟、怀柔、平谷、密云、延庆）。

2015 年年末，北京市常住人口 2170.5 万人，正处于中度老龄化阶段，人口老龄化体现以下突出特点：一是规模大。截至 2015 年年底，全市 60 岁及以上户籍老年人口约 313.3 万人，占户籍总人口的 23.4%，户籍人口老龄化程度居全国第二位；全市常住老年人口 340.5 万人，占常住人口总数的 15.7%。二是增速快。全市平均每天净增 500 余名 60 岁及以上老年人，净增 120 余名 80 岁及以上高龄老年人。预计到 2020 年，全市户籍老年人口将超过 380 万人，常住老年人口将超过 400 万人。三是不均衡。城六区户籍老年人口占全市户籍

老年人口的 2/3，老龄化程度（24.7%）高于郊区（21.1%）。❶

表3.1　2011—2015年60岁及以上北京市户籍老年人口变化

年份	2011	2012	2013	2014	2015
60 岁及以上老年人口 / 万人	247.9	262.9	279.3	296.7	313.3
占总户籍人口的比例 /%	19.4	20.3	21.2	22.3	23.4

注:2011—2014 年数据来源于《北京市 2014 年老年人口信息和老龄事业发展状况报告》。

由表 3.1 可见，北京市老年人口不管是绝对数还是相对数都呈逐年不断增加的趋势，这表明北京市老龄事业发展迎来难得机遇，同时也面临着重大挑战。

2. 北京市社区和居家养老服务政策沿革

面对日益严峻的人口老龄化挑战，自 2000 年以来，北京市先后制定了 40 多项有关社区和居家养老的政策措施（见表 3.2）。这些政策措施围绕社区和居家养老服务中的场地设施建设、资金来源及支持方式、服务人员、服务项目、发展模式、相关主体的权责、风险防范、具体活动组织开展等多方面进行了探索和规定，反映了北京市对人口老龄化问题的高度重视，以及社区和居家养老在养老服务体系中的重要地位。

3. 北京市社区和居家养老服务建设取得的成效

（1）发展思路日益明确

经过多年探索，北京市逐步明确养老服务社会化、产业化、体系化、信息化的发展思路，构建了“9064”养老服务整体发展格局（即 90% 老人居家养老，6% 社区养老，4% 在养老机构养老），初步形成以居家为基础、社区为依托、机构为补充的养老服务格局；《北京市“十三五”时期老龄事业发展规划》《北京市养老服务设施专项规划（2015—2020 年）》等顶层制度设计对于养老服务事

❶ 北京市“十三五”时期老龄事业发展规划 [EB/OL]. http：//zhengwu.beijing.gov.cn/gh/dt/t1466417.htm.

表3.2　2000年以来北京市关于社区和居家养老服务主要相关政策措施

年份	发文机构	文件名称	主要内容
2003	北京市民政局	《关于抓紧做好第三批“社区老年福利服务星光计划”设施建设工作的通知》	市政府仍将采取以奖代补的办法对福利服务设施项目给予资助，全市将累计完成 2385 个“星光计划”为老服务设施项目
2006	北京市民政局、市财政局、市农村工作委员会	《关于资助山区村建设老年福利服务设施的意见》	参照城市社区“星光老年之家”的做法，以福利彩票公益金资助部分山区村建设老年福利服务设施，实施“山区星光计划”
2008	北京市民政局、市财政局	《关于深入开展居家养老服务试点工作的通知》（京民福发〔2008〕334 号）	在东城、西城、崇文、宣武、朝阳、海淀、丰台、石景山、房山、顺义深入开展居家养老服务试点，建立居家养老服务网络，根据老年人养老服务需求,选择服务单位、设定养老服务项目，对符合条件的老年人给予养老服务补贴
2008	北京市民政局、市财政局	《北京市特殊老年人养老服务补贴办法（试行）》（京民福发〔2008〕335 号）	在东城、西城、崇文、宣武、朝阳、海淀、丰台、石景山、房山、顺义开展特殊老年人养老服务补贴试点，对补贴对象、补贴标准和方式、服务内容、经费结算、经费保障等进行了规定。特殊老年人包括：试点区内，具有北京市正式户口、年满 60 周岁并符合下列条件的老年人，享受养老服务补贴：(1）年满 90 周岁的老年人。(2）生活不能完全自理的以下几类老年人：分散供养的城镇“三无”老年人；分散供养的农村“五保”老年人；享受城乡最低生活保障待遇的老年人；民政部门公布的低收入家庭中的老年人；纯老年户及仅与残疾子女居住的老年人；80 ~ 89 周岁的老年人。享受政府护理费补贴的人员除外

续表

年份	发文机构	文件名称	主要内容
2009	北京市政府、市民政局、市残联	《关于北京市市民居家养老（助残）服务（“九养”）办法的通知》（京政办发〔2009〕104号）	建立万名“孝星”评选表彰制度；建立居家养老（助残）券服务制度和百岁老人补助医疗制度；建立城乡社区（村）养老（助残）餐桌；建立城乡社区（村）托老（残）所；招聘居家服务养老（助残）员；配备养老（助残）无障碍服务车；开展养老（助残）精神关怀服务；实施家庭无障碍设施改造；为老年人（残疾人）配备“小帮手”电子服务器
2009	北京市民政局等13部门	《关于贯彻落实〈北京市市民居家养老（助残）服务（“九养”）办法〉的意见》（京民老龄发〔2009〕504号）	对贯彻落实“九养”政策提出工作要求，包括：加强组织领导，健全工作机构；整合服务资源，拓展服务项目；强化队伍建设，提高专业化水平；加强舆论宣传，营造良好氛围
2010	北京市老龄办、市残联	《北京市市民居家养老（助残）券管理使用规定（暂行）》（京民老龄发〔2010〕188号）	对养老（助残）券的印制、样式、发放、使用、结算等进行规定
2011	北京市民政局等8部门	《关于印发〈北京市居家养老（助残）服务单位管理规定（暂行）〉的通知》（龄发〔2011〕151号）	居家养老服务单位的确定程序、监管和奖惩规定
2011	北京市民政局等4部门	《关于进一步加强我市养老（助残）精神关怀服务工作的指导意见》（京民老龄发〔2011〕113号）	利用5年左右时间推进北京市老年身心健康关爱服务工程，建立老年身心关爱服务行业管理体制，健全“96156精神关怀服务热线”平台，建立市、区（县）、街（乡镇）和居（村）四级身心关爱服务体系，培育专业人员、志愿者、心理辅导员三支服务队伍

续表

年份	发文机构	文件名称	主要内容
2011	北京市民政局	《北京市“十二五”时期老龄事业发展规划》	建立市、区（县）、街道（乡、镇）、社区四级养老服务中心，形成“9064”养老服务格局，即90%老人居家养老，6%社区养老，4%在养老机构养老
2011	北京市民政局、市残联、市老龄委	《关于开展养老（助残）餐桌、托老（残）所规范化建设试点工作的通知》（京民老龄发〔2011〕121号）	在现有养老（助残）餐桌（4584个）和托老（残）所（5305个）的基础上，在全市培育发展500个规范化养老（助残）餐桌和500个规范化托老（残）所；明确了养老（助残）餐桌规范化建设标准和托老（残）所规范化建设标准
2011	北京市民政局、市残联、市老龄委	《关于督查考评养老（助残）餐桌托老（残）所规范化建设项目的通知》（京民老龄发〔2011〕236号）	市民政局、市残联、市老龄办将组成联合督查考评领导小组，对养老（助残）餐桌、托老（残）所规范化建设项目进行综合督查考评
2012	北京市财政局、市民政局、市残联、市老龄委	《北京市市级养老服务事业发展专项资金管理暂行办法》（京财社〔2012〕55号）	明确了2012—2015年市财政养老服务资金来源（市级公共财政预算、市级福利彩票公益金和市级残疾人就业保障金）、支持范围［其中包括城乡社区（村）养老（助残）餐桌、城乡社区（村）托老（残）所市级补助，居家养老（助残）服务券结算市级补助，养老信息化建设经费等］、使用方式和标准、支持标准等
2012	北京市民政局、市财政局、市残联、市老龄委	《关于2011年养老（助残）餐桌和托老（残）所奖励资金使用有关事项的通知》（京民老龄发〔2012〕23号）	以奖代补奖励资金用于奖励规范化建设试点单位以外的、运营情况较好的养老（助残）餐桌和托老（残）所，奖励覆盖面不低于30%，具体用于养老（助残）餐桌和托老（残）所的设备购置、无障碍设施改造、日常运营和政策宣传等相关费用支出。以奖代补奖励资金2500万元，其中，养老（助残）餐桌奖励资金1500万元由福利彩票公益金和市级残疾人就业保障金按2∶1的比例分担；托老（残）所奖励资金1000万元由福利彩票公益金承担

续表

年份	发文机构	文件名称	主要内容
2012	北京市民政局、市财政局、市残联、市老龄委	《关于2011年养老（助残）餐桌和托老（残）所规范化建设单位奖励资金使用有关事项的通知》（京民老龄发〔2012〕22号）	2011年试点单位奖励资金5200万元，其中，市级财政承担3467万元，区（县）财政承担1733万元，平均每个试点单位按5.2万元标准拨付，具体用于养老（助残）餐桌和托老（残）所的设备购置、无障碍设施改造、日常运营和政策宣传等相关费用支出
2012	北京市民政局、市财政局、市老龄委	《北京市老年人意外伤害保险暂行办法》（京民老龄发〔2012〕415号）	具有本市户籍的60周岁及以上老年人自愿参加规定保险范围［其中包括各级社区服务中心和老年活动中心（站、室）、老年学校、养老（助残）餐桌以及托老（残）所］的老年人意外伤害保险
2013	北京市政府	《北京市人民政府关于加快推进养老服务业发展的意见》（京政发〔2013〕32号）	强化政府主导和引领作用，支持社会力量进入养老服务领域，培育养老服务产业发展
2013	北京市民政局、市财政局、市残联、市老龄委	《关于印发〈北京市“小帮手”电子服务器配备使用管理暂行办法〉的通知》（京民老龄发〔2013〕42号）	满足老年人、残疾人对“小帮手”电子服务器的不同使用需求，提高配备使用效率，优化配备使用程序，以社会化运作与政府补贴相结合的方式，加强“小帮手”电子服务器的配备使用工作
2013	北京市民政局、市老龄委	《关于给予社会办托老所全托型床位运营补贴有关事项的通知》（京民老龄发〔2013〕175号）	享受对象为：2012年9月至2013年9月期间，京民老龄发〔2009〕504号文件要求设立，正式挂牌运营，为老年人提供24小时托养服务的民办或公办民营的托老所中的运营床位；已享受社会办养老机构运营补贴的床位不在本补贴范围；每张床位每月给予300元运营补贴
2014	北京市民政局、市财政局、市老龄委	《关于印发〈北京市2014年街（乡、镇）养老照料中心建设工作方案〉的通知》（京民福发〔2014〕36号）	2014年，在全市范围内建设80个街（乡、镇）养老照料中心，养老照料中心兼具机构养老、居家助老、社区托老等功能

续表

年份	发文机构	文件名称	主要内容
2014	北京市老龄委	《关于建立北京市为老服务单位综合责任保险的通知》（京民老龄发〔2014〕119号）	北京市行政辖区内为老年人提供餐饮、零售、日间照料、康复护理、医疗保健、精神关怀、家政维修、文体娱乐等服务的企事业单位及社会组织（为老服务单位）自愿参加综合责任保险
2014	北京市民政局、市老龄委	《北京市养老助残卡管理办法（试行）》（京民老龄发〔2014〕459号）	决定从2015年1月1日起，在全市实行“养老（助残）券”变卡工作，原老年人使用的“养老（助残）券”（红色背面）变为北京通—养老助残卡
2015	北京市第十四届人民代表大会	《北京市居家养老服务条例》	对各级政府、社会、家庭成员的责任和义务进行规定，以老年群体的社会化服务需求为指导，通过政府引导、购买服务、设立项目资金、鼓励各类社会组织积极参与，构建全新的社会化养老新模式
2015	北京市规划局	《北京市养老服务设施专项规划（2015—2020年）》	至2020年，全市人均养老设施用地约0.25平方米。2014—2016年，全市建设208个街乡镇养老照料中心。10年内将在“每个城镇社区都设立一处托老所（日间照料中心）和一处老年活动场站”。服务规模为每7000～10 000人有一处托老所和一处老年活动场站（老年人占25%），托老所建筑面积800平方米，老年活动场站建筑面积200～250平方米。
2015	北京市规划设计委员会	《北京市养老服务设施规划设计技术要点》	对养老机构的养老服务设施的规划设计要求、建筑设计要求进行了具体规定
2015	北京市民政局、市老龄委	《关于依托养老照料中心开展社区居家养老服务的指导意见》（京民老龄发〔2015〕111号）	要把养老照料中心作为区域内为老服务综合平台，与区域内托老设施、各类专业服务机构和服务团队组成养老服务联合体，开展短期照料、助餐、助洁、助浴、助医、精神关怀、信息管理、志愿等服务

续表

年份	发文机构	文件名称	主要内容
2015	北京市老龄委	《关于2015年开展经济困难的高龄和失能老年人居家养老服务试点工作的通知》（京民老龄发〔2015〕228号）	在西城、朝阳、海淀、顺义、密云开展试点，将城市特困、农村“五保”对象、低保或低收入家庭中的失能老年人和年满80周岁老年人，以及计划生育特殊困难家庭中的失能老年人和年满70周岁老年人，作为基准服务对象；由政府直接组织或通过购买服务等方式提供基本居家养老服务，纳入“北京通”养老卡管理体系
2015	北京市民政局、市卫生和计生委、市老龄委	《关于印发〈经济困难的高龄和失能老年人居家养老服务试点区老年人能力评估办法〉的通知》（京民老龄发〔2015〕478号）	对在西城、朝阳、海淀、顺义、密云5个试点区由政府组织实施的老年人能力评估做出评估资格和程序规定
2015	北京市民政局、市老龄委	《关于经济困难的高龄和失能老年人居家养老服务工作中有关服务事项的通知》	对试点地区经济困难的高龄和失能老年人居家养老服务工作中的制卡及补贴发放、服务体系做出规定
2016	北京市老龄委	《北京市支持居家养老服务发展十条政策》（京老龄委发〔2016〕7号）	“养十条”政策：建设社区养老服务驿站，健全基本养老服务制度，实施经济困难老年人家庭适老化改造，建立“幸福彩虹”配送服务网络，构建居家养老助餐服务体系，支持医疗卫生与养老服务融合发展，加强社区居家医药卫生服务能力，开展居家老年人紧急救援服务，开展基层公办养老机构居家养老服务功能、实施“北京养老”品牌战略
2016	北京市老龄委	《关于开展社区养老服务驿站建设的意见》（京老龄委发〔2016〕8号）	对社区养老服务驿站的重要性、功能定位、规划建设、扶持及管理、建设程序等进行了规定

续表

年份	发文机构	文件名称	主要内容
2016	北京市民政局	《关于印发〈社区养老服务驿站设施设计和服务标准（试行）〉的通知》（京民福发〔2016〕392 号）	对社区养老服务驿站的设施设计标准、服务管理标准等方面进行了规定
2016	北京市老龄委	《关于进一步加强老年人维权服务的通知》（京老办发〔2016〕7 号）	启动老年维权服务，通过社会化运营方式，扩大法律援助范围，拓展服务内容，加强区域统筹，为老年人提供更加便捷、高效、专业的维权服务
2016	北京市老龄委	《关于印发〈关于加强区级养老服务指导中心建设的意见〉的通知》	到 2017 年年底前，16 个区全部建成区级养老服务指导中心，起到区域养老资源整合、养老信息综合平台、养老行业监管指导、养老服务示范引导等职能作用
2016	北京市民政局、市老龄委	《关于开展 2016 年老年人家庭适老化改造工作的通知》（京民老龄发〔2016〕375 号）	启动 2016 年老年人家庭适老化改造工作，包括建筑硬件改造、家具家装改造、康复辅助器具适配、智能化助老服务设施配备；要求建立科学的需求评估机制、动态化的适老化改造项目目录、信息化的改造过程监管体系，实施经济困难老年人家庭适老化改造，重点保障特殊群体老年人服务需求，逐步建立适老配置社会福利体系
2016	北京市民政局、市老龄委	《关于印发〈北京市老年人家庭适老化改造需求评估与改造实施管理办法（试行）〉的通知》（京民老龄发〔2016〕374 号）	对老年人家庭适老化改造的申请与评估、方案设计、改造实施与验收等环节做出规定
2016	北京市民政局、市财政局、市老龄委	《关于 2016 年开展养老助餐服务体系试点建设工作的通知》（京民老龄发〔2016〕391 号）	2016 年继续在东城等 8 个区开展养老助餐服务体系试点建设工作，对建设模式、试点任务、项目补贴等做出规定，2017 年 9 月之前完成

续表

年份	发文机构	文件名称	主要内容
2016	北京市民政局、市财政局、市老龄委	《关于做好 2016 年养老机构辐射社区居家养老服务工作的通知》（京民老龄发〔2016〕414 号）	各区要把养老机构尤其是养老照料中心建成区域综合性养老服务平台，指导其以合营、承包、协作等方式整合区域内养老服务设施、各类专业服务机构和服务团队共同组成居家养老服务联合体，采用分散或集成（流动服务车）方式为区域内老年人提供专业化、多样化的上门服务
2016	北京市民政局、市老龄委等 7 部门	《关于印发〈北京通—养老助残卡管理办法（暂行）〉的通知》（京民老龄发〔2016〕431 号）	对北京通—养老助残卡的功能设置、申请与发放、使用与管理、法律责任进行了规定
2016	北京市老龄委	《关于加强老年人分类保障的指导意见》	将老年人分为托底保障群体、困境保障群体、重点保障群体、一般保障群体，并进行精准帮扶
2016	北京市民政局、市发改委等 5 部门	《关于加强本市新建住宅小区配建养老设施建设、移交与管理工作的通知》	本市行政区域内新建居住项目，在土地储备整理阶段的规划条件或土地公开交易条件中明确由建设单位建设的配套养老设施（包括托老所、老年活动场所、机构养老设施）建设、移交和管理工作
2016	北京市民政局、市教委等 5 部门	《关于加强养老服务人才队伍建设的意见》（京民福发〔2016〕527 号）	加强机构养老护理员、失智老人照护员、居家养老护理员队伍建设，大力培养专业技术人才队伍、管理人才队伍，建立健全养老服务人才职业体系，提高养老服务人才队伍的综合素质，进一步提升养老服务人才的社会地位
2016	北京市政府	《北京市“十三五”时期老龄事业发展规划》	建设老年友好型城市，大力发展居家养老服务，加强社区养老服务设施建设，实施居家养老幸福工程，形成医疗服务支持社区和居家养老格局

业的发展规划方向清晰科学，这对于明确养老服务体系建设发展方向具有重要指导意义。在社区和居家养老方面，通过颁布《关于北京市市民居家养老（助残）服务（“九养”）办法的通知》（京政办发〔2009〕104号）、《北京市居家养老服务条例》《北京市支持居家养老服务发展十条政策》（“养十条”）（京老龄委发〔2016〕7号）等一系列政策文件，逐步建立了市、区（县）、街道（乡、镇）、社区四级养老服务中心网络，倡导医养结合，形成了上下联动、医养结合、灵活宜居的发展思路，使得社区和居家养老服务日臻完善，大大提升了首都居民老年生活质量。

（2）基础设施日益齐全

社区建设是社区和居家养老服务的重要基础，据《2015年北京市民政事业发展统计公报》显示，截至2015年年底，全市共有社区服务机构11 528个（其中，社区服务指导中心17个，社区服务中心199个，社区服务站6409个，其他社区服务机构4654个，社区互助型养老机构226个，社区养老机构和设施23个），社区服务志愿者组织11 801个，城市便民、利民服务网点5247个，社区服务机构建筑面积共计210万平方米。全市共有社区居委会2975个，比上年增加43个，同比增长了1.47%；村委会3936个，同比下降了0.03%。

在养老服务基础设施专项建设方面，北京市出台了《关于开展养老（助残）餐桌、托老（残）所规范化建设试点工作的通知》（京民老龄发〔2011〕121号）、《北京市养老服务设施专项规划（2015—2020年）》《关于印发〈社区养老服务驿站设施设计和服务标准（试行）〉的通知》（京民福发〔2016〕392号）、《关于加强本市新建住宅小区配建养老设施建设、移交与管理工作的通知》等一系列文件，使社区和居家养老服务基础设施在数量和质量建设上得到保障。据《北京市2014年老年人口信息和老龄事业发展状况报告》显示，截至2014年年底，全市已有养老（助残）餐桌3429个、托老所3661所、（日间照料）床位1.86万张，发展1.4万家居家养老（助残）服务单位。全市共有各级老年活动站（中心、室）6280个，全年参加活动526.1万人次；各类老年学校（包括老年大学、社区老年学校等）2469个，全年参加学习人数累计24.4万人；老年人协会5428个。另外，针对老旧社区，北京市还出台了《关于开展2016年老年人家庭适老化改造工作的通知》（京民老龄发〔2016〕375号）及一系列配套文件，为全市落实社区和居家养老服务打下良好基础。

(3) 服务项目日益丰富

针对老年人的养老服务项目，北京市不仅提供助餐、助洁等传统服务项目，还重视提供精神慰藉、法律援助、医疗保健等多方面服务项目。据《北京市2014年老年人口信息和老龄事业发展状况报告》显示，养老（助残）服务单位开展了包括生活照料、家政服务、康复护理、精神慰藉、老年教育、其他服务等六大类110项服务。

在精神慰藉方面，北京市出台了《关于进一步加强我市养老（助残）精神关怀服务工作的指导意见》（京民老龄发〔2011〕113号）等文件。据《北京市2014年老年人口信息和老龄事业发展状况报告》显示，2014年，北京市开通“北京市养老（助残）96156精神关怀服务热线”，定期举办大型展览；签约32家市级养老（助残）精神关怀服务定点单位；推进“心灵家园”工程活动，为因执行计划生育政策导致伤残、孤寡的特殊老年人家庭提供专项生活补助、免费体检、心理慰藉等服务。

在法律援助方面，2014年出台了《关于进一步加强老年人法律援助工作的意见》，2016年出台了《关于进一步加强老年人维权服务的通知》（京老办发〔2016〕7号）。2014年，全市法律援助机构全年共办理老年人法律援助案件1010件，解答法律咨询14 906余人次。[1]到2015年，全面推出法律援助预约上门服务，截至2015年年底，共有老年法律援助中心242个、老年维权协调组织3144个。[2]

在医养结合方面，据《北京市2014年老年人口信息和老龄事业发展状况报告》显示，全市正常运行的社区卫生服务中心327个，社区卫生服务站1591个（不含标准化建设的村卫生室）；对65岁及以上常住老年人每年提供一次健

[1] 北京市2014年老年人口信息和老龄事业发展状况报告[EB/OL]. http://zhengwu.beijing.gov.cn/tjxx/tjgb/t1412150.htm.

[2] 2015年北京市民政事业发展统计公报[EB/OL]. http://www.bjmzj.gov.cn/news/root/tjnb/2016-06/118735.shtml.

康管理服务，包括生活方式和健康状况评估、体格检查、辅助检查和健康指导。全市社区卫生服务机构为老年人建立健康档案280.9万份，为符合优待政策的老年人免收普通门诊挂号费1342.3万人次，新建老年人家庭病床315张，免费查床4912人次；为191万老年人签约并提供家庭医生式服务；为40.9万名符合优待政策的老年人免费体检；为部分城区空巢老年人安装5000个紧急医疗救援呼叫器（“一按灵”）。

北京市不仅注重在社区和居家养老服务内容上不断丰富完善，还注重服务方式的便民性。如，2014年出台《北京市养老助残卡管理办法（试行）》（京民老龄发〔2014〕459号）等文件，决定从2015年1月1日起，在全市实行“养老（助残）券”变卡工作，原老年人使用的“养老（助残）券”（红色背面）变为北京通—养老助残卡；另外，2014年，向45万余名80岁及以上老年人每人每月发放100元养老（助残）券，全年发放总额5.1亿元。[1]

（4）风险防范日益健全

在为老年人提供养老服务过程中，如何规避由于老年人受到意外伤害而带来的各种风险是发展养老服务业的重要因素。为此，北京市出台了《北京市老年人意外伤害保险暂行办法》（京民老龄发〔2012〕415号）、《关于建立北京市为老服务单位综合责任保险的通知》（京民老龄发〔2014〕119号），分别针对老年人和养老服务单位建立了意外伤害保险和综合责任保险，在一定程度上规避了双方的纠纷和风险。据《北京市2014年老年人口信息和老龄事业发展状况报告》显示，2013年11月，北京市启动北京老年人意外伤害保险，依托中国人寿保险股份有限公司北京市分公司，在全市范围内推出专门针对在北京市生活或工作的50～60周岁退休人员和60周岁及以上老年人的意外伤害保险项目，年度保险费为17元/份，保险期限为1年。其中，具有北京市户籍60周岁及以上的享受城乡最低生活保障待遇人员、城镇“三无”人员、农村“五保”对象、享受定期抚恤补助的优抚对象及失独老年人，由北京市财政统一出资投保，每人享受1份，近7万名符合条件的老年人受益。凡属于自主参保的

[1] 北京市2014年老年人口信息和老龄事业发展状况报告[EB/OL]. http://zhengwu.beijing.gov.cn/tjxx/tjgb/t1412150.htm.

老年人，中国人寿保险股份有限公司北京市分公司给予每份2元的保费优惠，最高购买份数4份。2014年全年共有30.39万人购买老年人意外伤害保险，保费658.06万元，受理理赔申请1583件，支付赔款382.99万元。

综上所述，北京市在社区和居家养老服务制度、设施、内容等方面比较齐全，在诸多方面可起到全国示范引领作用。

4. 北京市社区和居家养老服务建设面临的问题

（1）供需匹配有待完善

一方面，尽管北京市对社区和居家养老服务高度重视，投入大量人力、物力，但目前养老服务还没有达到完全覆盖，尤其在郊区农村地区，社区和居家养老服务供给还需要加强。在城区，有些托老所的惠及区域和惠及人群十分有限，有的社区由于没有场地空间，社区和居家养老难以全部开展。[1]这些都会使得部分老年居民的养老服务需求得不到有效满足。另一方面，有的具体服务项目虽然提供了，但利用率较低，造成闲置浪费，最终使得相关服务设施逐步出现萎缩现象。如，根据《北京市2010年至2014年老年人口信息和老龄事业发展状况报告》对比发现，从2010年到2014年，北京市大多社区和居家养老服务机构数量呈现下降趋势，如表3.3所示。

表3.3　2010—2014年北京市社区和居家养老服务机构发展状况[2]　（单位：位）

年份	老年餐桌	托老所	社区卫生服务中心	社区卫生服务站	老年活动站	老年大学	老年人协会
2010	4584	5305	323	2473	6651	3150	6127
2011	3837	4397	324	1571	6587	3052	6192
2012	3729	3997	324	1582	6655	3020	6267
2013	4240	4363	325	1596	6655	3020	5428
2014	3429	3661	327	1591	6280	2469	5428

[1] 张晓亚．北京市养老服务供需问题研究［D］．北京：北京交通大学，2016：44.

[2] 张晓亚．北京市养老服务供需问题研究［D］．北京：北京交通大学，2016：45.

经 2017 年课题调研发现，主要原因在于以下几点：①服务价格偏高，老年人消费能力有限。近 50% 的受访者认为，社区和居家服务收费偏高，而养老金有限，所以只要自己能解决的，就尽量不去购买这些日常服务。②服务质量有待提升，老年人消费习惯难适应。如，有的受访者认为老年餐桌饭菜口味不大合自己口味；有的认为服务人员素质无法保证，不敢让其进入居室提供服务；有的觉得到达服务场所不太方便或者太单调孤独；有的还表示没有听说社区里有什么服务或者“也就这么一说”。

（2）资金来源有待多元化

要提供适宜的社区和居家养老服务，稳定的资金来源是必要的基础保证。北京市出台了《关于资助山区村建设老年福利服务设施的意见》《北京市特殊老年人养老服务补贴办法（试行）》（京民福发〔2008〕335 号）、《北京市市级养老服务事业发展专项资金管理暂行办法》（京财社〔2012〕55 号）等资金运用政策，2014 年，向 45 万余名 80 岁及以上老年人每人每月发放 100 元养老（助残）券，全年发放总额 5.1 亿元；并投入以奖代补资金 1500 万元，奖励了 50 家养老（助残）餐桌和养老服务企业。[1]2015 年，市级财政预算安排养老服务专项资金近 13 亿元，比上一年增加了约 20%，其中支持居家养老 9 亿多元，重点投入设施建设、需求调查、失能评估、护理补贴、试点培育、奖励扶持和区级转移支付等项目。各区级财政又拿出专门资金、场地和房屋，投入居家养老服务中去。[2] 但这些政策在时效上都具有短效性，在享受对象上具有选择性。而北京市由于老年人口数量众多，即使是较低水平的普惠性补贴，资金需求量也十分可观。由于政府购买养老服务能力有限，而养老服务机构设施又需要资金来维持运转，所以不得不参考市场因素来决定服务价格，这就导致老年人在享受养老服务时普遍觉得价格偏高，进一步又导致养老服务利用率下降。

---

[1] 北京市2014年老年人口信息和老龄事业发展状况报告. http ://zhengwu. beijing. gov. cn/tjxx/tjgb/t1412150. htm.

[2] 邹乐. 北京：居家养老服务新模式现雏形 [EB/OL]. http ://www. wlcbjswm. com/guojixinwen/20170112/145703. html.

(3) 信息化有待发展

信息化和智能化是养老服务实现高效、舒适、便捷的重要途径和发展趋势，智慧养老是大势所趋。如前所述，2014 年，北京市政府为城六区符合条件的空巢老年人安装了 5000 多个紧急医疗救援呼叫器“一按灵”，开通“96156 精神关怀服务热线”，为有需求且符合条件的老年人或残疾人累计配备“小帮手”电子服务器近 20 万台。另外，北京西城区广安门内街道社区服务中心的“虚拟养老 e 键通”服务规模已经从 300 人扩展到 1000 人；海淀区政府在 2012 年投入 300 万元，为全区 29 个街道（乡镇）配置了 60 套老人智能健康管理、指导服务系统，利用信息化技术逐步在 100 多个社区建设智能化居家养老服务超市，针对生活无法自理的老人，社区配备了 Pad 无线终端。但总体而言，目前信息技术在老龄化社会产品和服务方面起步较晚、投入较少，还没有发挥应有的作用。[1] 相对于北京市 340.5 万名常住老年人而言，信息化技术受益范围还亟待扩大和发展。

5. 北京市社区和居家养老服务建设建议

(1) 养老服务精细化

北京市在社区和居家养老服务项目比较齐全的基础上，要使老年人获得更高的满意舒适度，提高服务设施利用率，节省服务成本，应进一步将养老服务做到精细化和精准化。

首先，注重养老服务需求的调查分析。对于不同的社区，以及不同的经济基础，老年人的养老服务需求重点会有所不同，所以，在决定养老服务提供项目之前，应针对不同群体老年人展开养老服务需求调研，分析普遍需求和特殊需求，然后有的放矢，灵活应对，做到供需匹配。

其次，积极发展智慧养老。将信息智能技术应用到养老服务中，积极探索养老助残的智能化与机器人化，将医疗护理保健融于智慧养老。如，健康管理类可穿戴设备、便携式健康监测设备、自助式健康检测设备、智能养老监护设

[1] 徐志立，王红霞. 北京社区养老信息化建设构想 [J]. 电子政务，2015（12）：41-42.

备、家庭服务机器人等养老科技产品等高科技产品能使老年人尤其是失能老人、空巢老人晚年生活更有尊严、更舒适。智慧养老涉及信息、机械、材料、电子、控制、医学等多个学科，而北京市包括京津冀地区聚集了大量精英人才和实力雄厚的资本支持，智慧养老大有可为。

再次，注重养老服务人员培训管理。人是一切的根本，在养老服务中，服务人员是提供养老服务的直接责任人，所以，养老服务的精细与否直接受制于服务人员的具体服务行为。尽管北京市出台了《关于加强养老服务人才队伍建设的意见》（京民福发〔2016〕527号），2014年培训了养老（助残）员4400名[1]，但目前相对于老年人的需求而言，服务人员一是数量存在短缺，二是技能存在欠缺，三是监控存在漏洞。所以，应通过各种激励措施，扩大服务人员数量，注重技能素质培训，同时还要建立旨在确保老年人家庭和服务人员双方人身安全的监控制度。

最后，在老旧小区适老化改造包括加装电梯方面，加大推进力度。

(2) 扩宽资金来源

养老服务的提供离不开大量资金的持续投入，尤其是社区和居家养老服务，由于涉及的老人数量众多，扩面任务持续进行，更需要从长计议。所以，应不断拓宽养老资金来源，充分发挥政府、社会、个人三方力量，建立社区和居家养老服务资金良性循环机制。

首先，适当加大政府购买力度。在科学测算北京市地方财政承受能力的基础上，适当提高老年人补贴金额，扩大补贴范围，使得老年人自费部分得到一定程度的减免。

其次，积极引入社会力量。通过税费减免等各种途径，吸引各种社会资本投入养老服务业，按照市场化运作要求，允许服务对象不仅仅包括老年人，保证参与组织有一定盈利，维持运转。

最后，探索建立长期护理保险制度。通过长期护理保险制度，使得个人资金能提前进行积累准备，以解老年护理时的“燃眉之急”。

---

[1] 北京市2014年老年人口信息和老龄事业发展状况报告[EB/OL]. http://zhengwu.beijing.gov.cn/tjxx/tjgb/t1412150.htm.

(3) 城乡统筹发展

目前，北京市农村社区养老的基础薄弱，养老服务事业发展滞后，城乡社区养老服务的发展严重不平衡。❶ 为此，应注重养老服务城乡统筹发展。

首先，大力加强农村社区和居家养老服务基础设施建设，注重医养结合。建立远程医疗信息系统，使得分散居住的农民也能得到实时、及时、舒适的养老服务。

其次，针对农村居民收入偏低的现实状况，北京市可提高对农村老年居民尤其是困难居民的养老补贴水平，建立普惠性补贴制度，逐步缩小城乡差别。

最后，充分利用农村郊野资源优势，建立城区与农村之间的养老流动驿站，倡导城区老年人到农村进行短途郊游养老，实现城乡统筹互补发展。

二、机构养老服务

机构养老因其服务专业化、无障碍设计、集中供养、集中居住等特点，既可以缓解子女负担，避免家庭冲突，分散家庭风险，又因同龄老人聚集一起，兴趣爱好大致相同，老人容易找到归属感和满足感而受到社会的普遍关注。尤其是对于半自理和不能自理而家人又无法照护的老人，机构养老则成为刚性需求。

1. 北京市机构养老服务政策沿革

自 2000 年以来，北京市在机构养老方面颁布了一系列政策，这些政策涉及养老机构的设施建设和卫生医疗规范标准、享受的优惠政策、入住老人补贴政策、特殊老人入院政策等诸多方面（表 3.4）。

❶ 姜向群，郑研辉．社区养老服务的供需失衡问题及对策研究——以北京市为例 [J]．社会建设，2015 (4)：71-73.

表3.4　2000年以来北京市关于机构养老服务主要相关政策措施

年份	发文机构	文件名称	主要内容
2000	北京市人民政府	《北京市养老服务机构管理办法》（北京市人民政府令第 63 号）	规定养老机构场所和设施的标准为床位不得少于 30 张；收养的老年人的人均居住面积不得少于 5 平方米
2002	北京市民政局、市社会福利管理处、市质量技术监督局	《北京市养老服务机构服务质量标准》（DB11/T 148—2002）	已被《北京市养老服务机构服务质量规范》（DB11/T 148—2008）替代
2004	北京市民政局、市社会福利管理处、市质量技术监督局	《北京市养老服务机构医务室服务质量控制规范》（DB11/T220—2004）	规定了北京市养老服务机构内部医务室服务质量控制的原则、依据、基本要求、医务室管理（人员管理、技术管理、设施设备管理、感染控制、药品管理、医疗事故管理、医疗废弃物管理、文件和记录管理）、服务质量标准、检查与改进等具体要求（医务室至少设有诊室、治疗室、处置室、输液观察室，每室必须独立，流程合理；通风采光良好；附近有卫生间；特殊情况应设立独立的观察室；医务室总面积不少于 50 平方米）
2004	北京市民政局、市社会福利管理处、市质量技术监督局	《养老服务机构服务质量星级划分与评定》（DB11/T 219—2004）	规定了养老服务行业服务质量的星级划分的原则、依据、条件和评定的要求
2005	北京市民政局、市社会福利管理处	《北京市养老服务机构老年人健康评估服务规范》（DB11/T 305—2005）	规定了养老服务机构健康评估服务的基本要求、健康分级标准、评估规范、评估管理和服务质量评定与改进的要求

续表

年份	发文机构	文件名称	主要内容
2005	北京市民政局	《北京市民政局资助社会类力量兴办社会福利机构实施细则（试行）》	凡符合资助条件的养老服务机构，自收自支、自负盈亏经营的养老服务机构，按入住满一个月的托养人员实际占用床位数，每月每张床位补助 100 元；由上级国有资金补助经营或以“公办民营”形式经营的养老服务机构，按入住满一个月的托养人员实际占用床位数，每月每张床位补助 50 元
2008	北京市民政局、市社会福利管理处、市质量技术监督局	《北京市养老服务机构服务质量规范》（DB11/T 148—2008）	规定了养老服务机构服务的基本要求、服务内容与质量控制、养老服务合同评审和评价与改进
2008	北京市民政局、市社会福利管理处、市质量技术监督局	《北京市养老服务机构院内感染控制规范》（DB11/T 149—2008）	规定了北京市养老服务机构院内感染管理、感染控制专业培训、院内感染监测、重点部门院内感染管理、养老机构常见的院内感染控制和废弃物管理，给出了养老服务机构院内感染管理的技术指南
2008	北京市民政局、市发改委、市规划委、市财政局和市国土资源局	《关于加快养老服务机构发展的意见》（京民福发〔2008〕543 号）	到 2020 年，养老床位总数达到 14 万张，每百名老年人拥有床位 4 张。 补贴扶持政策：市级政府投资的养老服务机构建设由市发改委立项批准实施；区县级养老服务机构建设，按照 1∶1 比例投入建设资金；经民政部门批准、社会力量投资兴办的新建、扩建或利用其他设施改造的养老服务机构，由市政府按照每张床位 8000 ~ 16 000 元给予一次性建设资金支持；社会力量兴办的养老服务机构及按照“公办民营”模式运营的养老服务机构，按照每月收住 1 名老年人给予 100 ~ 200 元标准的资助

续表

年份	发文机构	文件名称	主要内容
2008	北京市民政局	《关于资助街道乡镇养老服务机构建设的通知》(京民福发〔2008〕121号)	新建、扩建的乡镇养老服务机构，每新增1张床位资助5000元，最高资助额为100万元；新建、扩建的街道养老服务机构，每新增1张床位资助10 000元，最高资助额为100万元；需购置设备的养老服务机构，按照设备购置费的40%予以资助，最高资助额为10万元；利用现有养老服务机构改建的，按照改建费的40%予以资助，最高资助额为20万元；利用其他闲置设施改造为养老服务机构的，按照改建费的40%予以资助，最高资助额为100万元
2008	北京市财政局、市民政局	《北京市特殊老年人养老服务补贴办法(试行)》(京民福发〔2008〕335号)	在东城、西城、崇文、宣武、朝阳、海淀、丰台、石景山、房山、顺义开展特殊老年人养老服务补贴试点，对补贴对象、补贴标准、补贴方式、服务内容、申请、审批与发放等方面进行了规定
2009	北京市民政局、市财政局	《关于社会力量兴办社会福利机构运营资助办法》(京民福发〔2009〕117号)	针对社会办福利机构为生活自理老年人开展的福利服务，按照每人每月150元予以资助；为生活不能完全自理老年人开展的福利服务，按照每人每月200元予以资助；针对“公办民营”类老年人社会福利机构为老年人开展的福利服务和社会办福利机构为孤儿弃婴开展的福利服务，按照每人每月150元予以资助；针对社会办福利机构为残疾人、会员制老年人开展的福利服务，按照每人每月100元予以资助

续表

年份	发文机构	文件名称	主要内容
2009	北京民政局、市发改委	《北京市给予社会力量兴办养老服务机构建设资金支持试点单位征集文件》	一次性建设资金资助：对于新建、扩建护养型养老机构每张床资助 16 000 元，非护养型养老机构每张床资助 12 000 元；利用其他设施改建的护养型养老机构每张床资助 10 000 元，非护养型养老机构每张床资助 8000 元。租用现有设施装修改造的非营利性养老服务机构的建设项目，按照改造投资总额的 20% 予以资助
2011	北京市民政局	《北京市“十二五”时期老龄事业发展规划》	北京市养老机构床位将新增 5 万张，总量达到 12 万张，百名老年人拥有床位达 3.8 张；其中，重点发展的护养型养老机构，护养型养老床位将达到总数的 50%，即 6 万张以上。届时，各区县均要有 1 所 400 张以上床位的区县级养老服务机构；每个街道（乡、镇）应至少设置 1 所养老机构
2011	北京市民政局、市财政局、市残联	《北京市低保家庭生活不能完全自理老年人入住定点社会福利机构补助办法（试行）》（京民福发〔2011〕240 号）	对于生活不能完全自理老年人，每人每月补助 1100 元；定点社会福利机构月收费标准低于 1100 元的，按照实际收费予以补助
2011	北京市民政局	《关于进一步规范和调整街道乡镇敬老院建设资助工作的通知》（京民福发〔2011〕170 号）	新建、扩建的街道、乡镇敬老院每新增一张床位资助 1 万元，最高资助额 200 万元；对于利用其他闲置设施改造为养老服务机构的，按照改建费的 40% 予以资助，最高资助额 200 万元；对于现有养老服务机构改建不增加床位的，按照改建费的 40% 予以资助，最高资助额 40 万元；需要购置设备的养老服务机构，按照设备购置费的 40% 予以资助，最高资助额 20 万元；原有养老机构按卫生部门医务室建设标准，需要新设或改造医务室的，按照建设费用的 40% 予以资助，最高资助额 10 万元

续表

年份	发文机构	文件名称	主要内容
2011	北京市民政局	《关于开展养老服务机构星级评定以奖代补工作的通知》(京民福发〔2011〕204号)	对养老服务进行星级评定，服务质量星级评定为一星级的养老服务机构奖励2万元；二星级奖励4万元；三星级奖励8万元；四星级奖励16万元；五星级奖励32万元
2011	北京市民政局、市财政局	《关于调整社会力量兴办社会福利机构运营资助标准的通知》(京民福发〔2011〕161号)	社会办福利机构为生活自理老年人开展的福利服务，资助标准调整为每人每月200元；生活不能完全自理老年人，资助标准调整为每人每月300元；为会员制老年人开展的福利服务，资助标准调整为每人每月200元；针对“公办民营”类社会福利机构为老年人开展的福利服务，资助标准由每人每月150元调整为每人每月200元；针对社会办福利机构为生活能自理的残疾人开展的福利服务，资助标准调整为每人每月200元，生活不能自理的资助标准调整为每人每月300元
2011	北京市民政局、市人力社保局	《关于加强养老护理员培训管理的通知》(京民福发〔2011〕489号)	养老护理员实行持证上岗制度，对培训对象、培训等级、培训补贴等进行了规定
2012	北京市民政局、市财政局	《关于推行养老服务机构综合责任保险的意见》(京民福发〔2012〕347号)	在全市范围内推行养老服务机构综合责任保险，主要保障范围为意外伤残或身故责任、法律费用、第三者责任，保险费用按照民政部门审核的养老服务机构床位投保数量乘以通过政府招标确定的单床年度缴费标准确定；市财政对保险缴费按照80%给予补贴
2012	北京市民政局	《关于推行养老服务机构综合责任保险有关事项的通知》(京民福发〔2012〕424号)	所有在本市民政部门登记注册的养老服务机构，都可以投保养老服务机构综合责任保险，投保人和被保险人均为养老服务机构；公布了保险公司、保险费用、保险期限、保险责任及范围、保险操作流程

续表

年份	发文机构	文件名称	主要内容
2013	北京市人民政府	《关于加快推进养老服务业发展的意见》（京政发〔2013〕32 号）	政府举办的养老机构要发挥托底保障作用，市级建设资金对区（县）政府投资建设的养老机构给予支持，鼓励社会力量举办规模化、连锁化的养老机构；重点支持供养型、养护型和医护型养老机构发展。对社会资本投资建设的非营利性养老机构，给予建设支持和运营补贴。采用公建民营方式的养老机构，运营期间享受社会资本投资建设非营利性养老机构的运营补贴政策。社会资本举办的非营利性养老机构，采取划拨方式供地；社会资本举办的营利性养老机构，应采取有偿方式供地。落实相关税费优惠政策。养老机构用水、用电、用气、供暖价格按照本市相应居民收费价格标准执行
2013	北京市人民政府	《关于加快本市养老机构建设实施办法的通知》（京政办发〔2013〕56 号）	到 2020 年，本市养老机构养老床位数达到 16 万张，每千名老人拥有的养老机构养老床位数达到 40 张；“十二五”期间，在新审批建设的养老机构和政府投资建设的养老机构中，80% 以上的养老床位应具有护养功能；社会资本投资建设非营利性养老机构，接收生活能够自理老人的补贴标准调整为每人每月 300 元，不能自理老人调整为每人每月 500 元；水电气暖价格，以本市相应居民收费价格为准；此外，符合条件的可享受营业税、印花税、房产税、土地使用税及企业所得税等税收优惠；农村养老机构享受建设及运营期间的各项优惠

续表

年份	发文机构	文件名称	主要内容
2014	北京市民政局、市财政局、市残联	《社会力量兴办非营利性社会福利机构运营资助办法》（京民福发〔2014〕274 号）	对于非营利性社会福利机构（不含会员制养老机构）收住生活不能完全自理老年人的，按照每人每月 500 元予以资助；收住生活自理老年人的，按照每人每月 300 元予以资助。对于会员制的社会办养老机构收住老年人的，均按照每人每月 300 元予以资助
2014	北京市民政局、市发改委等 10 部门	《北京市关于进一步推进本市养老机构和养老照料中心建设工作的通知》（京民福发〔2014〕321 号）	要求养老机构和养老照料中心加快推进“医养结合”工作，采取积极措施解决房产和消防问题
2014	北京市民政局	《关于进一步做好养老机构综合责任保险有关事项的通知》（京民福发〔2014〕436 号）	公布了 2014—2018 年养老机构综合责任险的承保和顾问单位、保险费用、保险期限、保险责任及范围、保险操作流程
2014	北京市老龄委	《关于建立北京市为老服务单位综合责任保险的通知》（京民老龄发〔2014〕119 号）	北京市行政辖区内为老年人提供餐饮、零售、日间照料、康复护理、医疗保健、精神关怀、家政维修、文体娱乐等服务的企事业单位及社会组织（为老服务单位）自愿参加综合责任保险
2015	北京市民政局	《特殊家庭老年人通过代理服务入住养老机构实施办法》（京民福发〔2015〕283 号）	特殊家庭老年人是指具有北京市户籍且在入住养老机构或接受紧急医疗救助等服务时，依据现有规定无法按照相应程序履行签订养老服务合同、进行住院登记和手术签字等手续的老年人；他们可以选择通过代理服务机构实现入住养老机构及相关接续服务需求
2015	北京市规划局	《北京市养老服务设施专项规划（2015—2020 年）》	至 2020 年，实现全市机构养老床位数量达到 16 万张，其中政府保障型床位占总床位 30%，还需新建保障型床位约 2.3 万张（现状 2.5 万张）；逐步使护养型床位达到总床位的 70% 以上；针对乡镇和农村地区，原则上每个乡镇至少应有 1 所养老机构

续表

年份	发文机构	文件名称	主要内容
2015	北京市规划局	《北京市“十三五”老龄事业发展规划》	到2020年，每千名户籍老年人养老机构床位数动态保持在40张，全市养老机构床位使用率不低于80%；力争实现所有养老机构开展医疗服务全覆盖；深化公办养老机构改革；落实社会办养老机构支持政策；加强养老机构运营管理
2015	北京市人民政府	《北京市人民政府办公厅印发〈关于深化公办养老机构管理体制改革的意见〉的通知》（京政办发〔2015〕8号）	科学划分公办养老机构类型（分为公办公营、公办民营、公建民营三种运营模式）；明确接收对象（包括政府供养保障对象、困境家庭保障对象、优待服务保障对象）；明确职能定位；建立分层统筹保障体系和分类协作服务机制；建立评估登记和分类入住机制；健全收费管理制度和价格调控机制；科学规划养老床位建设
2015	北京市民政局	《北京市养老机构公建民营实施办法》（京民福发〔2015〕268号）	明确公建民营的实施范围、基本原则、社会招投标、品牌机构连锁运营等有关问题
2015	北京市规划委	《北京市养老服务设施规划设计技术要点》	对养老机构的养老服务设施的规划设计要求、建筑设计要求进行了具体规定
2016	北京市民政局、市教委等5部门	《关于加强养老服务人才队伍建设的意见》（京民福发〔2016〕527号 ）	加强机构养老护理员、失智老人照护员、居家养老护理员队伍建设，大力培养专业技术人才队伍、管理人才队伍，建立健全养老服务人才职业体系，提高养老服务人才队伍的综合素质，进一步提升养老服务人才的社会地位
2016	北京市民政局、市财政局、市老龄委	《关于做好2016年养老机构辐射社区居家养老服务工作的通知》（京民老龄发〔2016〕414号）	各区要把养老机构尤其是养老照料中心建成区域综合性养老服务平台，要针对辐射区域重点服务人群尤其是失能或衰弱老年人及其家庭，制订分类服务方案，重点开展信息管理、短期照料、助餐、助洁、助浴、助医、精神关怀、教育培训、志愿服务等

2. 北京市机构养老服务取得的成效

(1) 机构养老规模稳定增长

截至2014年年底，全市养老服务机构410所，床位总数达109 380张。其中，政府办养老服务机构214所，床位数42 628张；社会办养老服务机构196所，床位数66 752张。[1] 如表3.5所示，从2010年到2014年，不论机构数量还是养老床位都有所增长，每百名老人养老床位数也有所增长。另据统计，2014年，全市机构养老老年人的年龄结构以70岁以上为主体，而且趋向于80岁以上的高龄老人。全市养老机构接收的自理、半自理以及不能自理的老人分别占机构养老总人数的33%、28%和39%，以不能自理老人为主体，半自理和不能自理两者合计为约67%[2]。这反映了机构养老为4%老年人提供养老服务的支撑作用日益得到体现。

表3.5　北京机构养老服务设施发展状况

年份	养老机构 / 家	床位总数 / 张	60岁以上户籍人口 / 万人	每百名户籍老人床位数 / 张
2010	386	67 018	237.2	2.83
2011	401	69 746	250.5	2.78
2012	400	76 172	266.1	2.86
2013	410	80 516	283.2	2.84
2014	410	109 380	301.0	3.63

注："每百名户籍老人床位数"根据《北京市2010—2014年老年人口信息和老龄事业发展状况报告》以及《北京市统计年鉴（2015）》计算而得。

(2) 社会资本作用日益明显

养老服务社会化是老龄事业发展的重要方向，是减轻地方财政压力、缓解人口老龄化挑战的重要途径。为引导社会资本进入机构养老服务领域，北京市先后出台了《北京市民政局资助社会类力量兴办社会福利机构实施细则（试行）》(2005)、《关于加快养老服务机构发展的意见》（京民福发〔2008〕543

[1]《北京市2014年老年人口信息和老龄事业发展状况报告》[EB/OL]. http ://zhengwu. beijing. gov. cn/tjxx/tjgb/t1412150. htm.

[2] 尹德挺，高亚惠，耿月红．北京养老机构数字调查[J]. 北京观察，2016 (5)：27.

号)、《关于社会力量兴办社会福利机构运营资助办法》(京民福发〔2009〕117号)、《北京市给予社会力量兴办养老服务机构建设资金支持试点单位征集文件》(2009)、《关于调整社会力量兴办社会福利机构运营资助标准的通知》(京民福发〔2011〕161号)、《关于推行养老服务机构综合责任保险的意见》(京民福发〔2012〕347号)、《关于加快推进养老服务业发展的意见》(京政发〔2013〕32号)、《社会力量兴办非营利性社会福利机构运营资助办法》(京民福发〔2014〕274号)、《关于建立北京市为老服务单位综合责任保险的通知》(京民老龄发〔2014〕119号)等一系列激励和风险防范措施。在政策扶持下,自2010年到2014年,北京市社会办养老机构数量及养老床位总体上都呈现增长趋势(见表3.6)。另据统计,2014年,社会办养老机构数占全市养老机构总数的48%,其床位数占全市床位总数的61%;社会办养老机构接收的老年人口比例约占全市机构养老总人数的61%;在政府办的养老机构中,80岁及以上人口占政府办养老机构入住总人数的42%;在社会办的养老机构中,80岁及以上人口占社会办养老机构入住总人数的45%;在政府办和社会办两类养老机构中,社会办养老机构接收的不能自理老人更多,占全市机构养老不能自理老人总数的69%,政府办的占31%。可见,社会办养老机构在北京市机构养老中的作用日益突出,是北京市机构养老服务发展的重点。

表3.6 北京市机构养老类别构成[1]

年份	政府办		社会办	
	养老机构(家)	养老床位(张)	养老机构(家)	养老床位(张)
2010	214	26 848	172	40 070
2011	215	28 988	186	40 758
2012	212	31 507	188	44 665
2013	211	32 289	199	48 227
2014	214	42 628	196	66 752

(3)老年人帮扶措施日益完善

北京市除了对养老机构给予大量补贴资助外,对老年人也制定了经济上、

[1] 张晓亚.北京市养老服务供需问题研究[D].北京:北京交通大学,2016:47.

补助程序上排忧等帮扶措施，从而缓解了老年人入住养老机构的经济压力和法律难题。如，在全国率先出台了《北京市低保家庭生活不能完全自理老年人入住定点社会福利机构补助办法（试行）》（京民福发〔2011〕240号），按每人每月1100元标准给予补助，2014年全年为526名低保家庭生活不能完全自理的老年人下发补助金346.965万元；针对90岁以上老年人发放高龄津贴，2014年全年为34 033位90～99岁老人发放4083.9万元高龄津贴，为631位100岁以上老人发放151.2万元高龄津贴；针对95岁以上老人发放补助医疗，2014年全年为2758位老人发放699.9万元补助医疗[1]；出台了《特殊家庭老年人通过代理服务入住养老机构实施办法》（京民福发〔2015〕283号），帮助特殊家庭老年人顺利入住养老机构。

3. 北京市机构养老服务建设面临的问题

（1）入住率有待提高

2014年数据显示，北京市养老机构床位使用率最高的为首都功能核心区（68%），最低的为生态涵养区（仅31%）。由表3.7可看出，第一，北京市养老机构普遍存在入住率偏低、部分床位长期闲置的问题。第二，城区入住率相对较高，远郊区入住率偏低。

表3.7　2014年北京市养老机构床位使用率

地区	床位使用率 /%
首都功能核心区	68
城市功能拓展区	50
城市发展新区	53
生态涵养区	31

资料来源：尹德挺，高亚惠，耿月红．北京养老机构数字调查［J］．北京观察，2016（5）：28.

对于入住率整体偏低的问题，主要原因有三个方面：首先，50%老年人认为养老院里服务较为单一，缺乏个性化，况且很多老年人居于一室，独处面积

[1] 北京市2014年老年人口信息和老龄事业发展状况报告[EB/OL].http ://zhengwu.beijing.gov.cn/tjxx/tjgb/t1412150.htm.

较小，环境较为单调，朝气不足，缺乏家的归属感，尽管养老机构医疗服务覆盖率达到 95.8%[1]，但还是能不住养老院就不住。其次，目前北京市养老机构每月的收费项目主要分为“床位费”“伙食费”和“护理费”三大方面，每月的总费用平均在 4000 元左右。[2] 而 2014 年北京市养老金平均为 3050 元[3]，可见，大部分老人经济上无法独立，若想入住养老院，还得依靠家人补贴，而这会加重子女赡养负担，甚至可能会遇到阻碍。最后，少部分（5%）老年人还持有“住养老院，表示没有子女或子女不孝”的观念，对养老院存在观念上的排斥。

对于远郊区养老院入住率更低的问题，主要原因是远郊区远离主城区，一是不方便子女探望，二是远郊区医疗配套设施及信息化建设比较滞后，从而影响老人的选择决策。

（2）资金管理风险有待监控

老年人在入住养老机构的时候，一般都需要预付一定的押金，养老机构越高级，需交押金越多。然而对于这押金应该如何管理，在何种情况下可以动用，目前还无相关规定。这就导致一些养老机构以逐利为目的，甚至演变成非法吸收公众存款，进行非法集资诈骗。如，自 2014 年以来，怡养爱晚（北京）养老实业发展有限公司（下称“怡养爱晚”）打着“爱晚工程”的旗号，借经营养老基地，以“零风险”“高回报”和“零费用”吸引老人们投入养老储蓄，如今“怡养爱晚”资金链断裂，当初一些投资的老人不仅拿不回十几万元到几千万元的本金，一些老人甚至可能无家可归。[4] 一些养老机构除了开发“怡养爱晚”式的入会投资理财产品外，还开发出缴纳高额医疗保障金、高额预订床位、预存费用、趸交免费入住或免费旅游、购买老年公寓 25 年使用权、回购房屋产权等各种预收钱款途径，最后使老年人养老资金处于极大风险之中。虽

[1] 杨立萍. 北京市养老机构医疗服务覆盖率达到95.8%[EB/OL]. 政协北京市第十二届委员会第五次会议记者会，[2017-1-13]. http：//beijing.jinghua.cn/lianghui/jujiao/20170113/f271305.shtml.

[2] 尹德挺，高亚惠，耿月红．北京养老机构数字调查 [J]. 北京观察，2016（5）：27.

[3] 佚名. 2014 年北京养老金调整最新消息 [EB/OL]. 社保网. [2014-5-5]. http ://shebao.southmoney.com/yanglao/zhengce/201405/37797.html.

[4] 佚名. 怡养爱晚借官方旗号行骗，千余名老人上亿养老钱被骗 [EB/OL]. 一财网. [2016-6-6]. http：//finance.sina.com.cn/roll/2016-06-06/doc-ifxsvexw8559213.shtml.

然目前《养老机构管理办法》规定了养老机构应当依照其登记类型、经营性质、设施设备条件、管理水平、服务质量、护理等级等因素确定服务项目的收费标准，并在醒目位置公示各类服务项目收费标准和收费依据，但关于押金等预收资金的收取及用途问题，目前国家并没有明文规定，具体收多少要以双方协商的数额为准，监管处于“盲区”。所以，针对此类关于养老机构入住预收资金的管理监管，尤为必要。

(3) 服务质量有待进一步提高

首先，在服务项目方面，由于受制于资金实力和场地规模等因素，养老机构难以完全满足老年人的多样化、个性化养老服务需求。其次，在服务人员方面，养老机构护理员目前存在劳动强度高、工资待遇差、社会地位低的问题，导致其从业人员“招不来，留不住”[1]，人员流动性很大，培训成本高，而且服务质量难以保障。最后，在信息化方面，目前大多数养老机构都只是借助几台电脑和网络设备搭建一个日常数据和基本运营管理系统，都处于建设和使用初期；信息化系统安装率约为 11.6%，信息化系统使用率不到 60%[2]，远没有达到通过信息化来高效提升服务质量、实现智慧养老的阶段。

4. 北京市机构养老服务建设建议

(1) 提升养老机构区位优势

由于核心城区空间面积有限，地价、房价和租金都很高，而养老机构能获得的补贴却是有限的，将养老机构大规模建在核心城区，无论是从机会成本还是实际运营成本考虑，都非最佳选择。而城市功能拓展区、发展新区和生态涵养区，尤其是发展新区和生态涵养区在成本上具有相对优势，环境可能更清静，更适合老年人养老。所以，将来新增养老机构逐步外迁是合理预期选择。如表 3.8 所示，首都功能核心区和城市功能拓展区 60 岁以上老人占全市老人总

---

[1] 韩秉志．调查：养老院，拿什么留住护理员？[EB/OL]．中国经济网．[2016-1-4]．http ://finance.sina.com.cn/roll/2016-01-04/doc-ifxneept3631193.shtml.

[2] 徐志立，王红霞．北京社区养老信息化建设构想 [J]．电子政务，2015 (12)：42.

人数的比例合计超过 66%，而其养老机构接收老年人数量占全市机构养老总人数的比例却约为 50%，这说明城市发展新区和生态涵养区的养老机构解决了一部分核心区和拓展区老人的机构养老需求，其承载作用将日益明显。

表3.8 2014年北京市机构养老分布概况

地区	60 岁以上老人占全市老人总人数的比例 /%	接收老年人数量约占全市机构养老总人数的比例 /%
首都功能核心区	20.42	6
城市功能拓展区	45.72	44
城市发展新区	22.54	35
生态涵养区	11.32	15

注：“60 岁以上老人占全市老人总人数的比例”根据《北京市 2014 年老年人口信息和老龄事业发展状况报告》计算而得；其余数据来源：尹德挺，高亚惠，耿月红．北京养老机构数字调查［J］．北京观察，2016（5）：28.

但从表 3.8 中也可看出，处于远郊的生态涵养区养老机构入住率还很低，说明远郊养老机构尽管符合成本控制预期，但吸引力和优势还有待发掘和提升。因此，应通过多种途径提升区位优势，进而提高养老机构入住率。首先，在入住收费上，应制定比城区更实惠、更有竞争力的入住价格，使得老人能通过自己的养老金基本实现“自给自足”。其次，利用地处远郊的区位，打造郊野公园，改善养老机构居住环境，开发旅游养老，将短期旅行养老和长期住宿养老有机结合，降低床位空置率。再次，积极与当地医疗机构合作，或者与城区医疗机构合作，开展远程医疗服务，开展医养结合，将老年人最基本的医疗需求落到实处，免除其后顾之忧。最后，积极与津冀开展合作，互通有无，实现错位发展、协同发展。

（2）加强资金管理监控

对于押金等预收资金，应出台相关监管规定，明确养老机构预收资金的管理规则，包括押金收取的最高限额，押金的适用范围、账户管理、监管机构及职责等，做到专款专用，确保用于医疗、应急、专业化服务等用途，杜绝相关养老机构借收取押金之名，行非法集资之实。

（3）多途径提高服务质量

首先，继续完善“分类保障”思路，通过评估，将不同类型的老年人分开管理，养老机构则提供集中性、针对性服务，做到供需匹配，节约成本。其次，继续加大对养老机构的补贴额度，使其能有资金实力来不断改造养老机构住宿环境和不断丰富为老服务项目,加大信息化建设投入,早日实现智慧养老。最后，不断提高养老机构护理员工资待遇水平，不断提高其社会地位，加大激励措施，加大养老护理员培训力度和补贴力度，使得养老机构能实现良性运转。

（4）与社区和居家养老有机结合

一方面，养老机构床位闲置；另一方面，居住在家的老人急需养老服务。因此，可以将两者有机结合，将机构养老与社区和居家养老结合起来，建立社区养老院，或者通过虚拟养老院系统，将闲置的机构养老资源与居家养老需求实现实时匹配。这样既可免去家人奔波探望、老人观念排斥等一系列问题，还能实现养老资源的有效匹配和利用。

第四章 天津市社会养老服务体系建设

一、社区和居家养老服务

1. 天津市人口老龄化状况

天津（Tianjin），简称津，中华人民共和国直辖市、国家中心城市、环渤海地区经济中心，全国先进制造研发基地、北方国际航运核心区、金融创新运营示范区、改革开放先行区，中国中医药研发中心、亚太区域海洋仪器检测评价中心。目前全市总面积为 11,946.88km^2，包括 16 个市辖区县，包括中心城区（和平区、南开区、河西区、河东区、河北区、红桥区）、滨海新区、环城四区（东丽区、津南区、西青区、北辰区）及外围区县（武清区、宝坻区、静海区、宁河区、蓟州区）。

截至 2014 年年底，天津市常住人口 1516 万人，户籍 60 岁以上的老年人口有 215.42 万人，占户籍人口总数的 21.18%，户籍人口老龄化程度位居全国第三，高龄化、空巢化、失能化特征明显。全市 80 岁以上高龄老人约 30.66 万人，占老年人口的 14.23%；日常生活需要帮助或护理的老年人约有 14.33 万人，占老年人口的 6.65%；空巢老人占有老年人家庭的比例为 40%，其中独居老年人约占 1/3；老年痴呆患者超过 10 万人。全市 16 个区县按 60 岁及以上老年人口占户籍总人口的比例由高到低排序依次为：河北区（27.5%）、红桥区（26.8%）、河东区（25.7%）、河西区（25.3%）、和平区（25.2%）、南开区（25.05%）、滨海新区（20.06%）、北辰区（19.15%）、武清区（18.6%）、宝坻区（18.3%）、宁河区（18.3%）、静海区（17.94%）、东丽区（17.8%）、蓟区（17.42%）、津南区（16.53%）、西青区（16.41%）。❶可见，城六区人口老龄化程度高于其他区。

表4.1　2011—2015年60岁及以上天津市户籍老年人口变化❷

年份	2011	2012	2013	2014	2015
60岁及以上老年人口/万人	187.43	187.74	200.85	215.42	235.91
占总户籍人口的比例/%	18.81	18.39	20.01	21.18	22.54%

由表4.1可见，天津市60岁及以上老年人口占总户籍人口的比例不断增大，老年人口数量的增加速度逐年递增，养老形势严峻。

2. 天津市社区和居家养老服务政策沿革

自2000年以来，天津市在国家相关政策要求的指导下，明确了发展养老服务事业的重要性和迫切性，就社区和居家养老先后制定了关于养老体系发展、社区养老服务设施建设、居家养老服务补贴、促进家庭养老业发展的一系列政策措施（见表4.2）。按照政府主导、政策支持、社会参与、市场运作的原则，天津市着力打造“973”式的养老服务格局，即97%的老年人依托社区服务居家养老、3%的老年人入住养老服务机构养老，目前已基本形成了社区和居家养老为主体、机构养老为支撑的养老服务体系；到2020年，实现全市96%的老年人居家养老，4%的老年人到养老机构养老。❸

❶天津人口老龄化程度居全国第三失能老年人照料护理问题严峻[EB/OL].人民网天津视窗.[2015-5-13].http：//news.enorth.com.cn/system/2015/05/13/030228247.shtml.

❷2011年数据来源于：解建国．天津市老年人口达187.43万人[N].今晚报，2012-05-02；2012年数据来源于：佚名．天津60岁以上老年人达200.85万人，去年老龄人口增13万人[N].每日新报．2014-05-14；2013年数据来源于：佚名．天津60岁以上老年人达200.85万人，去年老龄人口增13万人[N].每日新报．2014-05-14；2014年数据来源同❶；2015年数据来源于：天津统计信息网．2015年天津市人口主要数据公报[EB/OL].http：//www.stats-tj.gov.cn/Item/26014.aspx.

❸佚名．天津年内97%老年人就近居家养老享受财政补贴[N].渤海早报，2015-01-12.

3. 天津市社区和居家养老服务建设取得的成效

（1）服务模式日趋完善

经过多年建设，天津市在社区和居家养老服务内容及形式方面日趋完善，形成了 12 种具体模式。

①政府购买服务。

天津市通过颁布《关于印发天津市居家养老服务政府补贴管理办法（试行）的通知》（津财社〔2007〕51 号）、《关于推进居家养老服务政府补贴工作的实施意见》（津民发〔2008〕54 号）、《关于印发〈关于做好我市 80 岁以上困难老年人居家养老服务政府补贴工作的实施意见〉的通知》（津民发〔2011〕72 号）、《关于开展农村困难老年人居家养老服务（护理）政府补贴试点工作的通知》（津民发〔2013〕100 号）、《关于调整我市居家养老服务（护理）补贴标准的通知》（津民发〔2017〕16 号）等文件，政府为困难老年人提供居家养老服务政府补贴和护理补贴。补贴以服务券的形式发放到老人手里，服务项目由老人自主选择。2013 年，市和区两级财政用于居家养老购买服务资金 6196.7 万元，2.56 万名困难老年人受益。2014 年，首批农村困难老年人居家养老服务（护理）政府补贴试点范围惠及 6692 名农村困难老人。❶

②日间照料服务。

天津市通过颁布《关于建设老年日间照料中心（站）的实施意见》（津民发〔2009〕32 号），对老年日间照料中心（站）的建设和管理提出了明确的要求。截至 2014 年年底，天津市已建成老年日间照料中心 606 个，市、区两级财政建设资金共投入 11.2 亿元。❷到 2016 年，全市建设老年日间照料服务中心（站）1184 个，实现社区养老服务全覆盖。❸

③老年助餐服务。

天津市通过颁布《关于开展老年人助餐服务的意见》（津民发〔2011〕69 号、

❶ 天津市民政局．我市养老服务工作情况汇报 [R]. 2014-03-12.

❷ 杨健，张金峰．高度老龄化地区养老服务探索及发展策略研究——以天津市为例 [J]. 西北人口，2016（4）: 47.

❸ 佚名．津老年日间照料服务中心达 1184 个 [EB/OL]. 天津网．2016-12-02. http://www.tianjinwe.com/jhpd/sylm/dc/201612/t20161202_1083059.html.

表4.2 2000年以来天津市关于社区和居家养老服务主要相关政策措施

年份	发文机构	文件名称	主要内容
2002	天津市人民政府、市民政局	《关于加快实现我市社会福利社会化的意见》（津政发〔2002〕50号）	到2005年，在本市基本建成以国有社会福利机构为示范、其他多种所有制形式的社会福利机构为骨干、社区福利服务为依托、居家供养为基础的社会福利服务网络
2005	天津市民政局	《关于调整我市老年人优待服务政策的意见》	依法对本市60岁以上的公民实行优待服务，规定了优待服务的主要内容
2006	天津市老龄委	《天津市关于加强社区（村）老龄工作规范化建设的意见》（津老工委发〔2006〕2号）	加强社区（村）老龄工作规范化建设的主要任务：组织机构健全、服务设施到位、服务活动经常、工作制度规范
2007	天津市财政局	《关于支持我市养老服务业发展 促进下岗失业人员再就业问题的通知》（津财社〔2007〕50号）	倡导下岗失业人员进入养老服务业进行就业发展
2007	天津市民政局、市财政局	《关于印发天津市居家养老服务政府补贴管理办法（试行）的通知》（津财社〔2007〕51号）	补贴对象：具有本市户籍、享受城市最低生活保障待遇或特困救助的60周岁以上需要生活照料的老人。依据补贴对象所需的照料程度，划分为轻度、中度和重度三个等级，按不同标准进行补贴。需轻度照料的老人，每人每月补贴100元；需中度照料的老人，每人每月补贴150元；需重度照料的老人，每人每月补贴200元。补贴以居家养老服务代金券的形式由各区县民政部门按季度支付给补贴对象。居家养老服务补贴所需资金，由市和区县两级财政各负担50%，在城市居民最低生活保障资金中列支
2008	天津市人民政府	《关于加快我市养老服务业发展的意见》（津政发〔2008〕27号）	到2010年，全市每个街道、乡镇都建有一个包括为老年人服务的综合性社区服务中心，使街道、乡镇综合性社区服务中心增加到241个；全市新建示范性社区老年日间照料服务中心20个

续表

年份	发文机构	文件名称	主要内容
2008	天津市民政局、市财政局	《关于推进居家养老服务政府补贴工作的实施意见》（津民发〔2008〕54 号）	享受居家养老服务政府补贴的对象为：具有本市户籍、享受城市最低生活保障待遇、特困救助和抚恤补助的优抚对象中 60 周岁以上、需要生活照料的老年人。根据补贴对象所需的照料程度，划分为轻度、中度、重度三个等级，按津财社〔2007〕51 号文件规定执行。居家养老服务券由市民政部门统一印制，各区县民政部门组织发放。居家养老服务券当月有效，过期未用作废
2009	天津市民政局	《关于建设老年日间照料中心（站）的实施意见》（津民发〔2009〕32 号）	确定依托老年日间照料中心（站）在社区开展日间照料服务，并对老年日间照料中心（站）的建设和管理提出了明确的要求；由市福利彩票公益金给予适当补贴
2010	天津市民政局	《关于部署 2010 年 20 项民心工程养老设施建设和服务任务的通知》（津民发〔2010〕4 号）	全市新建老年日间照料服务中心 80 个、老年日间照料服务站 100 个；困难老人居家养老服务政府补贴对象不少于 15 000 人，努力实现应补尽补
2010	天津市民政局	《关于转发〈民政部关于命名第三批全国养老服务示范活动示范单位的通知〉通知》（津民发〔2010〕124 号）	第三批全国养老服务示范活动示范单位名单：南开区、北辰区、河东区、津南区
2011	天津市民政局	《社会养老服务体系建设规划（2011—2015）》	到 2015 年，全市基本形成“973”的养老服务格局，即全市老年人口中，97% 的老年人居家养老（94% 的老年人依托社区日间照料服务设施分散居家养老，3% 的老年人在老年宜居社区集中居家养老），3% 的老年人住养老机构养老，形成投资主体多元化、服务内容多样化、适应老年人需求、具有天津特色的社会化养老服务体系
2011	天津市人民政府	《关于进一步发展我市居家养老服务的意见》（津政办发〔2011〕51 号）	科学规划居家养老服务工作，建设居家养老服务设施；到 2015 年，全市街道和乡镇老年日间照料服务中心达到 640 处，其中新增 444 处；市内六区各建托老所 2 个以上，其他区县各建 3 个以上

续表

年份	发文机构	文件名称	主要内容
2011	天津市民政局	《天津市民政服务设施布局规划（2010—2020）》（津政函〔2011〕102号）	将养老服务设施建设纳入城市控制性规划，为养老服务设施建设提供了强有力的规划支撑
2011	天津市民政局	《关于部署2011年20项民心工程完善养老服务任务的通知》（津民发〔2011〕3号）	全市新建街道（乡镇）老年日间照料服务中心80个、社区老年日间照料服务站100个
2011	天津市民政局、市财政局	《关于开展老年人助餐服务的意见》（津民发〔2011〕69号、津财综联〔2011〕24号）	2011年，市内六区及滨海新区实现老年人助餐服务覆盖50%社区。到“十二五”末，全市城区实现老年人助餐服务全覆盖，农村地区结合老年人实际需求，实现助餐服务覆盖50%社区（村）。根据社区食堂功能、规模与服务能力的不同，分为示范型社区食堂、综合型社区食堂和单一型社区食堂等三种类型。经核准的社区食堂，依据功能分类，给予一次性差别建设补贴，所需资金由市福利彩票公益金和区（县）财政按1:1分担
2011	天津市民政局	《关于印发〈关于做好我市80岁以上困难老年人居家养老服务政府补贴工作的实施意见〉的通知》（津民发〔2011〕72号）	具有本市户籍、城市户口、年龄在80岁以上的，独生子女家庭的父母、市级劳动模范、失能老人和空巢老人且家庭人均收入低于本市最低工资标准的老年人，按照评估后的照料等级，分别给予每人每月100元、150元、200元居家养老服务政府补贴
2011	天津市民政局、市财政局	《关于对我市托老所给予资助的实施意见》	“十二五”期间，市内六区各建托老所2个以上，其他区县各建3个以上，每个托老所拥有床位50～100张；2012年，推动区县新建托老所8处；所需资金由福利彩票公益金承担

续表

年份	发文机构	文件名称	主要内容
2012	天津市人民政府	《天津市老龄事业“十二五”发展规划》	大力发展居家养老服务，建立全市老年服务呼叫网络，创新居家养老的新模式，加快“虚拟养老服务中心”建设，创建具有托养功能的托老所，发展居家养老服务队伍，组建我市为老志愿服务队；加快无障碍设施建设，突出高龄和失能老年人养老服务设施、环境的无障碍改造，推行无障碍进社区、进家庭
2012	天津市民政局、市财政局等4部门	《关于开展养老机构社区延伸服务（虚拟养老院）试点工作的意见》	鼓励支持养老机构向社区和老人家庭延伸服务，按照养老机构的服务模式和服务标准，入户提供生活照料、康复护理、精神慰藉等专业服务；首批试点单位为：天津市退休职工养老院、和平区劲松护养院、南开区鹤童护养院、南开区望园养老院；由市福利彩票公益金给予一次性10万元补贴资金
2012	天津市民政局、市财政局	《关于对我市困难老年人增加居家养老护理补贴的意见》（津民发〔2012〕67号）	对于符合条件的老人按照轻度、中度、重度照料等级，每人每月分别发放服务补贴和护理补贴共计150元、200元和400元
2012	天津市食品药品监督管理局、市民政局等13部门	《关于大力发展我市老年人助餐服务的意见》（津民发〔2012〕42号）	到“十二五”末，全市中心城区和滨海新区城区实现老年人助餐服务社区全覆盖；其他地区结合老年人实际需求，实现助餐服务社区（村）覆盖率50%。2012年，中心城区老年人助餐服务社区覆盖率达到75%。由市福利彩票公益金按照建设老年助餐服务中心（公司）实际投资额的50%，给予不超过100万元的一次性建设补贴
2012	天津市民政局	《关于部署2012年20项民心工程完善养老服务任务的通知》（津民发〔2012〕6号）	（1）新增养老机构床位4000张；（2）新增社区老年日间照料服务中心100个；（3）在中心城区每个区各建设1所老年配餐服务中心，中心城区老年人助餐服务社区覆盖率达到75%；（4）提高困难老人居家养老服务政府补贴标准

续表

年份	发文机构	文件名称	主要内容
2013	天津市民政局	《关于贯彻实施我市居家养老服务两个规范的通知》（津民发〔2013〕77号）	天津市地方标准《居家养老社区服务规范》（DB 12/T 488—2013）和《居家养老入户服务规范》（DB 12/T 489—2013）自2013年10月1日起实施
2013	天津市质量技术监督局	《居家养老社区服务规范》（DB 12/T 488—2013）	对居家养老社区服务的标准进行规范表达；明确提出了要将精神关爱纳入老年人服务项目的要求，规定社区要利用活动场所，建立符合社区特色的老年人心理沟通场所，为老年人搭建经常性交流平台，以求逐步将本市的社区服务打造成多层次服务提供体系
2013	天津市质量技术监督局	《居家养老入户服务规范》（DB 12/T 489—2013）	对居家养老入户服务标准进行规范表达
2013	天津市民政局	《关于开展农村困难老年人居家养老服务（护理）政府补贴试点工作的通知》（津民发〔2013〕100号）	在武清区、宁河县、静海县试点，2014年9月底前，三个涉农区县1.6万困难老人全享居家养老服务（护理）政府补贴;2015年，实现居家养老政府购买服务城乡统筹。本次试点农村居家养老补贴对象包括：具有本市户籍的60岁以上农村低保、农村特困救助、农村五保供养和在乡抚恤补助的优抚对象；80岁以上农村独生子女父母、农村失能老人和农村空巢老人且家庭人均收入低于本市农民人均纯收入的。补贴标准与现行城镇标准一致
2014	天津市民政局、市财政局、市人力社保局	《关于加强社区工作者队伍建设的指导意见》（津民发〔2014〕9号）	在社区建立社区工作站，原则上按每500户居民配置1名专职社工，并依据社区内低保特困、优抚对象和老年人、残疾人、流动人口、帮教人员等特殊人群居住比例，适当增加人员配置；主要职责是承担政府下沉到社区的各项公共服务

续表

年份	发文机构	文件名称	主要内容
2014	天津市财政局	《关于印发 2014 年天津市政府向社会力量购买服务指导性目录的通知》（津财发〔2014〕30 号）	要加强有关社区居家养老的政府购买养老服务力度，涉及社区助餐服务，包括社区食堂、中央食堂等方式以及失智失能老人的养老服务等多个方面
2014	天津市委、市政府	《关于加快现代服务业发展的若干意见》（津党发〔2014〕8 号）	将养老服务业三年行动计划列入全市现代服务业发展的 9 个重点领域之一，对阶段发展目标、重点任务、保障措施做出明确要求
2014	天津市人力社保局	《关于鼓励家庭服务业发展的若干措施》（津人社局发〔2014〕24 号）	制定详细措施鼓励社会各类人员创办家政服务、养老服务、社区照料服务、病患陪护服务四种业态的家庭服务企业，分别给予优惠贷款、房租补贴、岗位补贴或社会保险补贴及其他税费优惠
2015	天津市十六届人大常委会第十五次会议审议通过	《天津市养老服务促进条例》	规定了养老服务中各级部门的职责，建设若干社区老年服务中心；新建居民住宅区，建设单位应当按照规划和标准要求配套建设养老服务设施，并与住宅同步规划、同步建设、同步验收、同步交付使用；已建成的居民住宅区无养老服务设施或者现有设施不能满足需要的，由区县人民政府通过购置、置换、租赁等方式设置养老服务设施，并不得挪作他用
2017	天津市民政局、市财政局	《关于调整我市居家养老服务（护理）补贴标准的通知》（津民发〔2017〕16 号）	自 2017 年 4 月起，对符合居家养老服务（护理）补贴范围的老年人，按照轻度、中度和重度不同照料等级，补贴标准由每人每月 150 元、200 元和 400 元调整为每人每月 200 元、400 元和 600 元，所需资金由市、区两级财政按 1∶1 比例负担

津财综联〔2011〕24 号），重点解决老年人就餐问题。截至 2015 年，天津市已经建成 18 个区级配餐中心，社区老年食堂达到 368 个，中心城区基本实现了助餐服务全覆盖，其他地区实现了助餐服务社区（村）覆盖率超过 50%。[1]

④托老服务。

此即为老年人提供短期寄宿服务的社区机构。通过实施《社会养老服务体系建设规划（2011—2015 年）》《关于对我市托老所给予资助的实施意见》等文件，解决社区老年人短期住宿问题。截至 2016 年，全市共建设托老所 16 家。[2]

⑤市场有偿服务。

这种服务是针对家庭经济情况较好的老年群体在有打扫卫生、配送餐物上门等需求时，由专门和社区合作的社会组织，如家政服务公司，为这些老年人提供低偿或有偿服务，这种服务模式可在一定程度上为政府减轻财政负担。

⑥互助服务。

此即利用部分孤寡老人有闲置房屋的特点，由低龄健康老人与空巢、独居老人结对子或若干邻里老人结成互助小组进行相互帮扶，形成循环性“时间银行”。

⑦协议服务。

此即社区组织发动驻区单位，与社区困难老人签订承包服务协议，定人、定时、定内容开展服务。[3]

⑧“虚拟养老院”服务。

目前这主要是指将机构养老延伸至家庭，让居家老人能享受到机构养老的专业化设施和人员服务。2015 年，天津市和平区的劝松助老福祉中心社区虚拟养老院示范项目正式通过了国家民政部的验收，这是该机构连续第三年被民政部列为“中央财政支持社会组织参与社会服务试点项目”[4]。目前，西青、东丽

---

[1] 佚名．社区老年食堂进入“冬令时”模式 [N]. 渤海早报，2015-11-26.

[2] 李海燕，任悦．天津托老所增至 16 家弥补“留宿”“托养”空白 [EB/OL]. 天津网．[2016-12-15] http：//www.tianjinwe.com/tianjin/ms/qjtj/201612/t20161215_1087049.html.

[3] 天津市民政局．天津养老服务的成功探索 [J]. 社会福利（理论版），2013（8）：32

[4] 佚名. 天津：虚拟养老院渐入佳境老人安享晚年生活 [EB/OL]. 北方网. [2015-3-13]. http：//news.xinhuanet.com/gongyi/yanglao/2015-03/09/c_127560319.html.

等区县的“虚拟养老院”已建成。❶

⑨呼叫服务。

此即运用现代信息技术，以各类孤老、高龄独居或空巢老人、残疾或失能老人、经济困难且缺少照料的老人为重点，为其在家中安装居家养老应急服务器，提供家政、医疗、排险等呼叫应急服务，满足老年人居家生活护理等方面的需求。和平区已有近千户老人家中安装了该系统，滨海新区也安装了该系统。另外，天津市依靠网络和天津联通提供网络及通信运营和终端设备支持建立了居家养老服务平台，于2016年5月20日正式上线。此平台可提供家政、家电和房屋维修、配餐送餐、休闲旅游、法律咨询、远程医疗、家庭病房、精神慰藉等12大门类40多项服务。通过“互联网+”模式可提供APP远程发送信息和呼叫相结合的服务方式，根据社区老年人的求助信息，向会员企业派单进行服务。

⑩志愿者服务。

此即社区积极组织志愿者，根据老人的不同情况和差别化需求，定期或不定期上门义务服务。截至2013年，天津市已有志愿者110多万、志愿服务队伍2751支❷。

⑪ 健康管理服务。

2015年，天津市为140万老年人建立居民健康档案，免费发放170万册《天津市基本公共卫生服务手册》；为73万老年人免费提供健康体检，开展老年高血压、糖尿病等慢性病管理和老年致肢残患者康复服务；针对3.2万名行动不便的孤老、高龄空巢、失能老人，提供点对点入户公共卫生服务、家庭病床服务和便民送药服务。

⑫ 适老化改造服务。

此即为有老家庭的部分生活设施进行适老化改造，减少意外伤害风险，以利于老年人居家养老。如，和平区从2014年起，由政府埋单，连续三年为低保、孤寡、高龄、独居和空巢等特殊困难老年人家庭实施适老化改造；到2016年7月，

---

❶佚名.天津将建“虚拟养老院”一键呼叫服务15分钟到达[EB/OL].中国网.[2012-06-05].http://www.chinadaily.com.cn/hqpl/zggc/2012-06-05/content_6099650.html.

❷佚名.天津市已有志愿者110多万人，志愿服务队伍2751支[EB/OL].北方网.[2013-9-22].

该区已完成“蹲改坐”255 户，为 413 户安装了安全扶手，为 700 多户安装了漏电保护器，有效提升了老年人居家生活品质。[1]

最后，天津市还注重社区和居家养老服务的专业性和规范性，先后制定了《居家养老社区服务规范》（DB12/T 488-2013）和《居家养老入户服务规范》（DB12/T 489-2013）。

（2）社区建设助益养老服务

首先，天津通过智慧社区、美丽社区建设，使得社区基础设施更加完善齐备，从而使得社区和居家养老服务更加便捷，以实现智慧养老。如，南开昔阳里社区试点建设了智慧社区信息化平台，老人利用机顶盒、手机、电脑互联网及户外信息大屏，点击“智慧社区”为老服务，便可享受网上购物、预约服务、智能语音助手、在线医疗等 28 个功能服务。

其次，天津市通过颁布《天津市人民政府关于进一步加强社区工作的意见》（津政发〔2013〕30 号）、《关于推进社区网格化管理和服务的指导意见》（津民发〔2013〕82 号）、《关于命名天津市首批美丽社区的决定》（津民发〔2014〕6 号）等文件，有力促进了天津市社区整体管理水平的不断提高，改善了社区环境，从而不仅使得社区和居家养老有一个良好的基础环境，而且在对老人的养老信息管理方面更容易做到精准化。

最后，社区工作者《关于加强社区工作者队伍建设的指导意见》（津民发〔2014〕9 号）要求在社区建立社区工作站，原则上按每 500 户居民配置 1 名专职社工，主要职责是承担政府下沉到社区的各项公共服务，其中就包括养老服务。社区社工具备一定的社会工作专业知识，从而使得社区和居家养老服务更有成效。

（3）相关改革探索初见成效

天津市开展社区老年日间照料服务中心运营机制改革试点，由社会组织、企业或养老机构运营，居委会不再参与日常运营，按照“4+4”模式（政府搭建平台、专业化管理、市场化运营、志愿者参与的“4”项运营机制；呼叫服务、配餐送餐、家政服务、便利店“4”项基本功能），实现“管办分离”。此外，

[1] 付殿贵. 和平区为特殊困难老年家庭实施适老化改造让白发人生活有更多“扶手”[N]. 今晚报. 2016-12-01.

给予每个照料中心每年 12 万元运营资金，以及用工补贴和购买床位的综合责任险等。❶2013 年，在市内六区已创办社区老年服务社 48 家。

4. 天津市社区和居家养老服务建设面临的问题

(1) 服务项目有待完善丰富

根据课题调研，目前天津市社区和居家养老提供的服务主要包括医疗保健（常见病护理，如感冒、发烧等）、休闲娱乐活动场地（如老年活动中心、棋牌室、阅览室等）、家政服务（如洗衣做饭、打扫卫生、买菜购物、洗澡穿衣、陪同外出等）、社区老年食堂用餐与送餐；心理护理、身体锻炼保健指导、老年人学习培训、日托服务、紧急服务等项目则提供不多。而社区老人对养老服务特别需要比例超过 40% 的项目主要集中在户外运动和休闲娱乐活动场地两项。这说明，大多数老年人身体比较健康，在满足了基本物质生活需求后，希望能过上更丰富、更有品质、更有活力的老年生活以颐养天年。而通过户外运动和休闲娱乐活动，既可以锻炼身体，又可以促进相互之间的交流沟通，满足老年人的身心健康需求。除此之外，特别需要和一般需要比例共计超过 60% 的项目还包括打扫洗衣、送医送药、康复期间护理、茶话会、健康讲座与咨询和紧急情况援助等 6 项。这说明，一方面，随着老年人口体力的衰减，像打扫洗衣、送医送药、康复期间护理等日常家政服务项目还是有相当大的需求量；第二方面，目前天津市老年人口有非常强的健康意识，如健康讲座与咨询项目受到很强程度的关注和需求；第三方面，老年人口由于身体机能的逐渐弱化，容易受到意外事件的影响，所以，紧急情况援助也是他们的重要需求。针对农村困难老人的居家养老服务需求的调研表明，定期体检、上门医疗、棋牌娱乐、陪同聊天、家电维修是农村困难老人需求比例较高的项目。

(2) 区域发展有待统筹均衡

目前天津市在居家养老服务供给方面，大部分服务还没有做到完全有效的全面覆盖。尽管天津市颁布了《关于开展农村困难老年人居家养老服务（护理）

❶ 佚名．天津：探索创新养老服务新思路 [N]．中国老年报，2015-12-13.

政府补贴试点工作的通知》（津民发〔2013〕100号），旨在逐步实现社区和居家养老城乡统筹发展，但在农村地区，大部分村庄还没有居家养老服务机构。由于农村老年人在养老保险待遇、医疗保障等方面的待遇相对较低，政府购买居家养老服务是有效促进居家养老服务覆盖面不断扩充的重要措施，《2015年天津市政府向社会力量购买服务指导性目录》规定向社会购买的涉老服务项目共计10项，其中就包括居家养老服务、护理服务及日间照料，以及社区助餐服务、失智失能老人养老服务等项目。经等级评估，3A及以上的社会组织可优先获得政府购买的这10项养老服务。2014年年底，全市3A及以上的社会组织共有172家。但一方面，这些社会组织中涉及养老服务的机构比例不高；另一方面，这些机构大多分布在天津市城区，从而使得农村的居家养老服务想要通过政府购买社会组织养老服务方式来快速高效、低成本地实现，目前比较困难。

（3）资金来源有待拓展和长效化

社区和居家养老服务无论是设施设备的购置、困难老人补贴的发放还是服务人员的安排，都需要持续不断的资金投入。目前，按照天津市政策规定，困难老人补贴由市、区（县）两级财政预算拨款，各类人员创办家庭服务企业（主要包括家政服务、养老服务、社区照料服务、病患陪护服务四种业态）办理的贷款由中央财政和市财政进行贴息。日间照料中心建设、托老所、社区食堂建设、“虚拟养老院”建设主要依靠福利彩票公益金解决，助餐服务所需资金由市福利彩票公益金和区（县）财政按1:1的比例分担。对高校毕业生创办的家庭服务企业给予的房租补贴，由市就业专项资金列支。此外，还有针对性的税费减免或补贴。可见，目前天津市社区和居家养老服务的资金需要主要由市、区（县）财政和福利彩票公益金来解决。一方面，从来源上看，社会组织、企业等机构资金参与度较小，相对于将来可能大范围的老旧社区适老化改造资金需求以及其他项目的可持续发展，拓展资金来源尤为必要；另一方面，从增长机制上看，天津市目前对困难老人的补贴力度还有待提高，并且尚未形成稳定的养老服务财政投入增长机制。

（4）信息化、智能化水平有待发展提高

养老服务信息化、智能化，实现智慧养老是养老服务将来的重要发展趋势。

在信息化、智能化建设方面，天津市目前主要是体现在呼叫服务及居家养老服务中心平台建设上。存在的主要问题在于：一是这两项服务目前还没有实现全市全面覆盖，二是信息化、智能化建设和其他方面的建设及探索（如远程医疗、可穿戴监控设备等）都还缺乏。

5. 对天津市社区和居家养老服务建设的建议

（1）按需排序，提供重点服务项目

首先，了解老年人的服务需求是养老服务体系建设的核心问题之一。居家养老服务包含很多种项目，但是目前的情况不可能将全部服务项目建立完善，可以按照服务项目的需求强度的高低来进行排序，需求比例高的项目优先建立。如前所述，户外运动和休闲娱乐活动场地的“特别需要”一栏总计百分比大于40%，应该是当前老年人口急需、应重点提供的项目。而在休闲娱乐活动场地项目中，郊县特别需要比例高于城区特别需要比例，反映出天津市应加强郊县尤其是农村地区的公共休闲娱乐场地建设和组织。

其次，针对一般老年人口，在助餐服务已基本完善的基础上，应重点提供打扫洗衣、送医送药、康复期间护理、茶话会、健康讲座与咨询和紧急情况援助等服务项目。

最后，针对困难老人，可以重点提供定期体检、上门医疗、棋牌娱乐、陪同聊天、家电维修等服务项目。当然，一般老年人口和困难老人的需求项目有一定的重合，如送医送药和上门医疗，棋牌娱乐、陪同聊天与茶话会、休闲娱乐活动场地，家电维修与紧急情况援助等，所以，提供好以上服务项目可以满足多种老年人口的居家养老服务需求。

（2）以市场化为导向，发展社会力量提供养老服务

根据课题调研可知，一方面，天津市居家养老服务覆盖面还有待大力拓展；另一方面，支付一定资金来购买居家养老服务的观念已经深入人心。鉴于居家养老服务项目需求的多样性、大众化及政府财政资金的有限性，以市场化为导向，政府加强监管，依靠社会力量来提供“质高价廉”的居家养老服务是必然

的发展趋势。在市场化导向下，居家养老服务提供机构可以进行灵活调整，即居家养老服务机构的服务对象、服务项目不仅仅拘泥于困难老人和一般老人，也可以面向年轻残疾人及一般人员。只不过可根据不同类型的服务对象收取不同服务费用，这样能扩大服务受惠面，扩充资金来源，提高居家养老服务机构的可持续发展能力。根据本次调研发现，30%的社区养老服务机构的服务项目或对象不仅仅针对老年人口，但大部分（70%）只针对老年人口，这会在一定程度上影响其可持续发展能力。

另外，在天津市农村居家养老服务方面，相关社会组织稀少薄弱，应大力鼓励扶持农村养老服务社会组织的发展。第一，可以通过让市区社会组织在农村建立连锁分支、加盟分支等形式来实现；第二，可将农村现有的如五保敬老院、老年福利院、卫生服务中心等相关机构进行优化组合和职能扩充，通过公建民营等模式，建立相关社会组织；第三，鼓励个人或社会团体建立相关社会组织，根据政策规定，给予相关优惠政策（如水、电、煤气、暖气、租赁费、床位补贴、运营补贴等方面）并保证落实到位。

（3）逐步提高困难老人补贴水平，现金和代金券结合使用

根据《天津市统计年鉴》，天津市近年的财政收入年增长率约为20%，财政支出年增长率约20%，用于社会保障和就业方面的财政支出年增长率约为20%，农村居民生活消费支出增长率约为20%，农村低保支出年增长率约为20%。所以，居家养老（护理）补贴的增长率可约为20%。

此外，调研过程中发现，困难老人的情况各有不同。比如，有的老人身体状况较好，只是收入不足，可以自己做饭就餐，因此对助餐、助洁、助浴等基本的居家养老项目的需求不高。对此，可以采用现金和代金券结合使用的办法，发放一定现金，困难老人可以自主选择购买其他养老项目，或者出台相关规定允许不同项目的代金券互换。但是需要注意的是，要保证老人享受到如定期体检等需要强制执行的项目，以保证老人的晚年健康。在强制项目外，应给予老人对补贴项目的自主选择权，尽量满足每位老人的养老需求。另外，从使用便利的角度来看，可以将补贴券改为补贴卡的形式。

（4）不断完善信息化、智能化建设

首先，在社区和居家养老服务方面，应联合相关科研单位和社会资本，基

于现实需求，加大养老服务信息化、智能化的跨学科联合研究投入力度，并注重知识产权保护。

其次，对于研发出的高科技养老服务产品，注重实践转化，甚至组建相关制造基地，逐步成长为本地区经济增长点，将养老服务与区域经济发展有机结合。

二、机构养老服务

1. 天津市机构养老服务政策沿革

自2000年以来，天津市在机构养老方面颁布了一系列政策，这些政策涉及养老机构享受的优惠政策、服务规范、入住老人补贴政策、人才队伍建设等诸多方面（见表4.3）。

2. 天津市机构养老服务取得的成效

(1) 机构数量增长快速

首先，为早日达到“973”养老服务规划格局，近年来，天津市通过每年的20项民心工程以及颁布《关于加快我市养老服务业发展的意见》（津政发〔2008〕27号）、《关于下达天津市“十二五”期间新增养老机构床位工作任务的通知》（津民发〔2011〕4号）、《关于调整养老机构补贴标准的通知》（津民发〔2014〕57号）及《天津市关于资助社会办养老机构管理办法（试行）》《关于推进我市公办养老机构公建民营意见》《天津市养老服务促进条例》等一系列政策文件，大力促进国办和社会办养老机构建设和发展。近几年来，全市养老机构年均新增床位4780张，年增速达15%以上。[1] 截至2015年6月，天津

[1] 中共天津市委党校第98期进修一班“社会建设问题研究”课题组. 天津市养老服务状况调研报告[J]. 求知，2016（8）：34.

表4.3 2000年以来天津市关于机构养老服务主要相关政策措施

年份	发文机构	文件名称	主要内容
2002	天津市人民政府、市民政局	《关于加快实现我市社会福利社会化的意见》(津政发〔2002〕50号)	各区和有条件的县要有以服务老年人为重点，具备80张床位的示范性、综合性社会福利服务设施。城镇人口不足6万人的街道办事处要设1处老年人综合福利服务设施，同时附设1处可容纳30名左右老人的养老机构；城镇人口超过6万人的街道办事处则要按上述要求增设新的老年人综合福利服务设施
2007	天津市人民政府	《天津市养老机构管理办法》(津政令〔2007〕110号)	对养老机构申请条件、履行职责、与老人协议内容、护理人员与老人比例、膳食要求、健康档案、康复活动、卫生服务，以及相应的处罚做出了明确规定
2008	天津市人民政府	《关于加快我市养老服务业发展的意见》(津政发〔2008〕27号)	到2010年，全市养老机构新增床位12 400张，总床位数发展到3万张，平均每年新增3100张，实现平均每1000名老年人18张床位；到2010年，全市养老机构院长持证上岗率和养老护理员持证上岗率均达到100%
2008	天津市民政局	《天津市关于资助社会办养老机构管理办法（试行）》	对于非营利性养老机构，资助项目包含一次性建设补贴（运营满3个月，或在原机构基础上通过改扩建新增床位50张的非营利性单位）、床位运营补贴、培训补贴、用工补贴（社会保险补贴、工资补贴和招用三类退出企业人员一次性补贴）、小额贷款与担保、按揭贷款贴息
2010	天津市民政局	《关于部署2010年20项民心工程养老设施建设和服务任务的通知》(津民发〔2010〕4号)	新增养老机构床位3100张；其中，区（县）级国办院1000张，农村敬老院1000张，社会办院1100张
2010	天津市民政局	《关于进一步加强养老机构院长和护理员培训工作的通知》(津民发〔2010〕31号)	对于坐落在本市行政区域内的所有养老机构（含区或县国办院、敬老院、光荣院和社会办院等）院长，由市局统一组织培训；在2010年年底，实现院长持证上岗率100%，实现护理员持证上岗率100%

续表

年份	发文机构	文件名称	主要内容
2010	天津市民政局	《关于印发〈天津市资助经济困难老年人入住养老机构办法（试行）〉的通知》（津民发〔2010〕28号）	根据申请资助对象经济状况和身体状况的不同，按照自理、介助和介护服务等级的不同，在申请资助对象本人或子女缴纳一定费用后，给予差别化资助。资助采取服务券形式，由区（县）民政部门组织发放给资助对象。市级补贴资金占实际发生资助金额的1/3，其余资金由区（县）负担。最高资助金额不超过物价部门核定的每张床位收费标准；申请入住社会力量办非营利性养老机构的，最高资助金额上浮不超过国办养老机构收费标准的15%
2011	天津市民政局	《关于下达天津市“十二五”期间新增养老机构床位工作任务的通知》（津民发〔2011〕4号）	“十二五”期间，全市养老机构床位与老人比的总体目标是：市内六区要实现不低于3.2%、环城四区和滨海新区要实现不低于4%，农村区（县）要实现不低于3%
2011	天津市民政局	《关于部署2011年20项民心工程完善养老服务任务的通知》（津民发〔2011〕3号）	全市新增养老机构床位3200张（含市级国办养老机构800张）；其中，区（县） 级国办养老机构800张，农村敬老院600张，社会办养老机构1000张
2011	天津市民政局	《关于市属民办非企业单位规范化建设评估等级的通知》（津民发〔2011〕98号）	市属民办非企业单位规范化建设评估工作中，天津市鹤童老人护理职业培训学校被评为4A等级
2012	天津市人民政府	《天津市老龄事业“十二五”发展规划》	加大养老服务机构建设力度；“十二五”期间，全市新增养老机构床位3.9万张，养老机构床位总数达到6.9万张，平均百位老年人拥有床位3张；继续支持社会力量兴办养老机构
2012	天津市民政局、市财政局等4部门	《关于开展养老机构社区延伸服务（虚拟养老院）试点工作的意见》	鼓励支持养老机构向社区和老人家庭延伸服务，按照养老机构的服务模式和服务标准，入户提供生活照料、康复护理、精神慰藉等专业服务；首批试点单位为天津市退休职工养老院、和平区劲松护养院、南开区鹤童护养院、南开区望园养老院

续表

年份	发文机构	文件名称	主要内容
2013	天津市民政局	《关于贯彻〈农村五保供养工作条例〉的实施意见》	农村五保供养指导线确定为：集中供养标准为每人每年 4000 元，分散供养标准为每人每年 2500 元
2013	天津市民政局	《关于表彰星级敬老院的通报》（津民发〔2013〕49 号）	经综合评审，市民政局决定授予津南区颐养院等 8 个敬老院“三星级敬老院”称号
2014	天津市委、市政府	《关于加快现代服务业发展的若干意见》（津党发〔2014〕8 号）	将养老服务业三年行动计划列入全市现代服务业发展的 9 个重点领域之一，对阶段发展目标、重点任务、保障措施做出明确要求
2014	天津市民政局、市财政局	《关于调整养老机构补贴标准的通知》（津民发〔2014〕57 号）	对于养老机构新建、改扩建平均每张床位建筑面积 30 平方米标准的，给予一次性建设补贴；床位建筑面积小于 30 平方米的，不予补助。对于由政府投资新建或购置建设并形成产权的养老机构，给予每张床位 30 000 元一次性建设补贴；对于由政府投资改扩建的新增养老机构床位，给予每张床位 12 000 元一次性建设补贴。补贴资金由市福利彩票公益金负担。对于由社会力量投资新建或购置建设并形成产权的非营利性养老机构，给予每张床位 15 000 元一次性建设补贴，补贴资金由市福利彩票公益金负担 11 000 元，市和区县财政各负担 2000 元；对于由社会力量投资改扩建的新增非营利性养老机构床位，给予每张床位 6000 元一次性建设补贴，补贴资金由市福利彩票公益金负担 4000 元，市和区县财政各负担 1000 元。对于收养生活自理老年人的养老机构床位，每年给予每张床位补贴 1050 元；对于收养生活不能自理（介护）和半自理（介助）老年人的养老机构床位，每年给予每张床位补贴 2250 元

续表

年份	发文机构	文件名称	主要内容
2014	天津市民政局	《关于印发天津市〈养老机构管理办法〉实施细则的通知》（津民发〔2014〕55 号）	养老机构应当按照国家和本市有关服务规范或行业标准，为入住老年人提供分级分类服务；养老机构应当按照本市统一要求，投保责任保险；市和区、县民政部门应当建立养老机构评估机制，通过招标委托社会组织（第三方评估机构）对养老机构定期进行综合评估
2014	天津市民政局	《关于推进我市公办养老机构公建民营的意见》	由政府投资新建或购置给予 3 万元 / 床，改扩建为 1.2 万元 / 床；生活自理老人 1050 元 / 年，介护和介助老人 2250 元 / 年
2014	天津市质量技术监督局	《养老机构服务规范》（DB 12/T526—2014）	对养老机构服务规范进行了规定
2015	天津市民政局	《天津市养老服务用工补贴实施办法》	对养老机构服务人员进行岗位补贴、社保补贴；申请成功的员工不限户籍，均可享受 3 年社保补贴和 2 年岗位补贴
2015	天津市十六届人大常委会第十五次会议审议通过	《天津市养老服务促进条例》	政府投资兴办的养老机构，应当保证收住无劳动能力、无生活来源、无赡养人和扶养人或者其赡养人和扶养人确无赡养和扶养能力的老年人，并提供无偿的供养、护理服务；应当以收住失能半失能老年人为主，优先安排经济困难的失能半失能、孤寡、高龄老年人。鼓励社会力量兴办的养老机构收住失能半失能老年人；社会力量兴办养老服务机构享受优惠政策
2016	天津市民政局等部门	《关于推进我市医疗卫生与养老服务相结合的实施意见（试行）》	家庭医生为老年人签约服务，基层医疗机构为老年人就近服务，医疗机构为养老机构开通预约就诊绿色通道

市共有养老机构398家，其中供养型89家、养护型279家、医护型30家（内设医疗机构）。社会办养老机构共268家，约占养老机构总量的67.34%。全市养老床位达到64 651张（包括社区养老床位6121张），社会办养老机构床位占到总数的75%。[1]尤其是社会办养老机构，由于有优惠政策支持，不管是机构数量还是床位占比都超过了国办养老机构，缓解了社会养老供需矛盾，成为全市养老机构床位增长的主要力量。从投资资金量来看，据统计，2011—2015年，天津市财政和福利彩票公益金投入养老服务设施资金达7.3亿元，吸引各方投入资金约35亿元，仅养老机构社会力量投资就达20亿元。[2]

其次，为进一步促进社会资本对机构养老的投资，改变了过去申请资格门槛较高、流程较长的问题。据报道，天津市2017年将简化优化养老机构相关审批手续，申请人设立养老机构许可时，能够提供服务设施产权证明的，不再要求提供建设单位的竣工验收合格证明；食品经营由“先证后照”改为“先照后证”，养老机构从事餐饮服务活动，应当依法先行取得营业执照等合法主体资格后，申请食品经营许可证；简化环境影响评价，对养老机构环境影响评价实施分类管理，对环境影响很小需填报环境影响登记表的养老机构实施备案管理；取消部分机构的消防审验手续，1998年9月以前建设使用且未发生改扩建（含室内外装修、建筑保温、用途变更）的，不需要办理消防设计审核、消防验收或备案手续；建筑面积在300平方米以下或者投资30万元以下的养老机构、设施不需要办理消防设计、竣工验收备案手续，其他养老机构依法办理消防审验或备案手续。[3]

(2) 入住率整体较高

天津针对养老机构，在建设上首先通过《关于印发〈天津市资助经济困难老年人入住养老机构办法（试行）〉的通知》（津民发〔2010〕28号）免去了困难老人入住养老机构的后顾之忧；然后通过《关于进一步加强养老机构院长

❶杨健，张金峰．高度老龄化地区养老服务探索及发展策略研究——以天津市为例[J]．西北人口，2016(4)：46.

❷佚名．天津：探索创新养老服务新思路[N]．中国老年报，2015-12-13(1)．

❸韩雯．天津降低养老机构准入门槛：新建小区须配套养老服务设施[EB/OL]．天津网．[2017-2-10]．http：//www.tianjinwe.com/tianjin/tjsz/201702/t20170210_1102957.html.

和护理员培训工作的通知》（津民发〔2010〕31 号）加强了管理者和护理员的培训力度，实现院长持证上岗率 100%、护理员持证上岗率 100%，从人力资本上保证了服务的专业性；接着还颁布了《养老机构服务规范》（DB 12/T 526—2014），从而从整体上保证了养老机构服务的质量。在这些政策的作用下，大部分老年人住得起、愿意住养老院，从而使得养老院入住率普遍较高。市级国办院入住率基本饱和，区级国办院入住率为 67%，社会办养老机构的入住率达到 65%。❶

3. 医养结合逐步开展

由于入住养老机构的老人很多失能半失能，所以，逐步达到医养结合的要求，由医生、护士和护理员提供医疗保健、护理、生活照料服务对养老机构的经营发展至关重要。截至 2015 年，天津市已在 14 家基层医疗机构开设 500 张医养护一体化老年病床。2016 年，天津市颁布《关于推进我市医疗卫生与养老服务相结合的实施意见（试行）》；2017 年，天津市家庭医生将与 120 万名居家老年人签约服务，80% 以上的养老机构设置医疗机构或与医疗机构签约服务。❷

4. 养老床位综合责任保险启动

为减少养老机构的运营风险，推行养老床位综合责任保险是必要的措施。2016 年 6 月 30 日起，天津市在全国率先启动覆盖养老机构床位、老年日间照料中心床位和养老机构社区延伸服务床位的养老床位综合责任保险。截至 2016 年 7 月，已签约养老床位 28 219 张，其中养老机构床位 25 824 张、老年日间照料服务中心 597 张、社区延伸服务床位 1798 张。❸

---

❶ 杨健，张金峰．高度老龄化地区养老服务探索及发展策略研究——以天津市为例 [J]．西北人口，2016（4）：46.

❷ 周亮，付殿贵．天津医养结合实施意见发布探索本地特色新模式，明年 80% 养老院实现医养结合 [EB/OL]．今晚网．[2016-12-03]. http：//www.tianjinwe.com/rollnews/201612/t20161203_1862782.html.

❸ 佚名．天津启动养老床位综合责任险已签约养老床位近 3 万张 [EB/OL]．新华网，[2016-7-7]. http：//finance.sina.com.cn/roll/2016-07-07/doc-ifxtwchx8228654.shtml.

三、天津市机构养老服务面临的问题

1. 养老机构建设有待多方面提升

在床位数量方面，尽管天津市养老机构增速较快，但到 2015 年，天津市千名老人拥有的床位数是 32 张[1]，这与国际标准“每千名老人拥有 50 张床位”还有差距。天津市要实现“到 2020 年，4% 的老年人到养老机构养老”的目标，还需要以较快增速大量增加养老床位约 5 万张。

在机构规模方面，根据《老年人居住建设设计标准》的规定标准，将 50 个床位以下养老设施规模定义为小型，51 ~ 150 个床位的定义为中型，151 ~ 200 个床位的定义为大型，大于 200 个床位的定义为特大型。天津市养老服务设施的规模目前以小型和中型为主，其中，市内六区、环城四区以中型规模为主，滨海新区以小型及中型规模为主，外围区县以小型养老设施为主，大型及特大型养老设施较少[2]，再加上入住率无法保证达到 100%，养老机构很难达到规模效应而实现降低运营成本的良性运转目标。

在机构设施方面，天津市养老机构整体养老设施种类较少，而且各区养老设施发展不均衡，尤其外围区县的养老设施建设年代较早，设施普遍陈旧。[3]

在护理人员方面，一是数量不够。2014 年，天津市养老护理员共约 6000 余人。[4] 这相对于 14.33 万失能半失能老年人口来讲，缺口很大。这也造成养老护理员一人同时负责看护多人的超重工作负荷，有的养老机构由于极度缺乏

---

[1] 段玮，潘德军．曲孝丽委员：“十二五”期间天津养老床位翻一番 [EB/OL]．天津北方网，[2016-1-28] http：//news.enorth.com.cn/system/2016/01/25/030778519.shtml.

[2] 赵秋璐，翟坤，王立科．天津老龄化社会下的养老设施布局研究 [C]．城乡治理与规划改革——2014 中国城市规划年会论文集（11—规划实施与管理）：6.

[3] 赵秋璐，翟坤，王立科．天津老龄化社会下的养老设施布局研究 [C]．城乡治理与规划改革——2014 中国城市规划年会论文集（11—规划实施与管理）：9-10.

[4] 杨健，张金峰．高度老龄化地区养老服务探索及发展策略研究——以天津市为例 [J]．西北人口，2016（4）：48.

护理员，只能让部分床位空置。可见，护理员这个“软件”的缺乏已经严重影响到养老机构的平稳运行。二是专业性不高。目前护理人员大多是四五十岁的下岗再就业人员、失业人员和外来务工人员，护理专业毕业生很少。究其原因，主要在于目前护理人员工资待遇低（天津市为 3000 元左右）、工作负荷大、社会认可度低。

2. 民营养老机构有待加大扶持力度

纵观近几年发展趋势，养老床位要实现数量上的快速增长，社会办民营养老机构是主要的增长源泉。目前关于民营养老机构，根据《天津市关于资助社会办养老机构管理办法（试行）》和《关于调整养老机构补贴标准的通知》（津民发〔2014〕57 号），主要是给予一次性建设补贴、床位运营补贴、培训补贴、用工补贴、小额贷款与担保、按揭贷款贴息。这些补贴项目虽然比较全面，但相对于养老机构的全部运营成本而言，力度还有待提高。据调查，大部分民营养老机构维持微利运营。部分民营养老机构在高成本约束下，要么通过减少服务项目或增加床位密度以控制成本，只提供最基本的服务，老人的诸多需求甚至包括医疗护理需求难以得到满足，而且环境拥挤，使得部分老人怕住养老院；要么提高收费标准，大大超出老人及家庭支付能力，使得部分老人住不起养老院。

3. 分类保障有待落实完善

《天津市养老服务促进条例》明确了公办养老机构的入住对象应当是收住无劳动能力、无生活来源、无赡养人和扶养人或者其赡养人和扶养人确无赡养和扶养能力的老年人，并提供无偿的供养、护理服务，应当以收住失能半失能老年人为主，优先安排经济困难的失能半失能、孤寡、高龄老年人（此处简称特殊困难老人），也即公办养老机构应起到托底的作用。但由于此条例是在 2015 年颁布实施的，在 2015 年之前，公办与社会办养老机构在职能和收住对象上没有明确区分，公办养老机构优惠政策多，设施齐全，环境相对舒适，收费整体不高，以致所有老年人都首先考虑公办养老机构，在接受入住对象时，机构主要不是考虑其是否为特殊困难老人，而是根据登记时间进行排队，最后造成“一床难求”；而社会办养老机构服务和环境良莠不齐，收费高低不等，造成入住率普遍比公办养老机构低。所以，分类保障的缺失或者执行不力容易造成特殊困难老人与一般老人的不公平竞争，造成公办养老机构与社会办养老机构的无序竞争。

此外，关于公办养老机构的不同类型和级别，如公办公营、公办民营、公建民营，以及区级、市级养老机构在入住对象的具体划分，也还有待完善。

4. 特殊老人入院有待政策帮扶

老年人入住养老机构或接受紧急医疗救助时，一般需要其赡养人和扶养人签字，而对于无赡养人和扶养人或者其赡养人和扶养人确无赡养和扶养能力的特殊困难老人而言，此项程序很难完成。所以，对于此类情况，需要出台相关帮扶政策。

四、对天津市机构养老服务建设的建议

1. 加大养老机构建设力度

对于中心城区，基础性配套设施较为齐全、人口老龄化最严重、用地紧张空间有限是其主要特征。所以，一是应积极推行医养结合，加强信息化建设，与社区和居家养老有机结合，与相关医院合作，严格执行《关于加快发展养老服务业的若干意见》（国发〔2013〕35 号），按照人均用地不少于 0.1 平方米的标准，分区分级规划设置养老服务设施，见缝插针增设养老床位。二是将中心城区老龄人口疏散到离中心城区较近的环城四区、外围区县或高质量、高水准、

交通便利的河北省养老机构中。

对于环城四区，其与主城区相邻不远，近年来，大量人口居住在此区域，用地成本较中心城区低。所以，其可以承接部分中心城区养老服务功能，新建的大型养老机构建设在交通、医疗便利的环城四区是比较合理的选择。

对于滨海新区，其经济发展程度较高，人口结构相对于中心城区而言偏于年轻。近年来，滨海新区兴建了全市规模最大的第一老年养护院和第二、第三老年养护院，并确定这三家养老机构都将实行公办企管的模式，同时还鼓励社会力量参与养老机构建设。[1]随着时间的推移，滨海新区逐渐成为天津养老服务体系建设的发展新区。

对于外围区县，养老机构设施建设年代较早，规模偏小，而且入住率偏低。[2]所以，应加大改建力度，将设施翻新，充分利用地处郊区的特色优势，在通过居住环境舒适度、养老服务质量增强吸引力，满足当地居民的机构养老需要的基础上，重点在承接北京及天津中心城区养老服务功能上开辟新的发展空间与机遇。

2. 加大对民营养老机构的扶持与监督力度

对于民营养老机构，首先，应将现有的相关优惠政策贯彻落实，在用电、用水、用热、用气上实行居民价格的规定，相关补贴经费给付及时到位。其次，尽快出台民营养老机构申办资格简化的正式政策文件，并逐步提高民营养老机构一次性建设补贴和床位补贴额度，或者建立补贴长效机制，全面推行养老床位综合责任保险及入住老人意外伤害保险，降低运营风险。最后，在加大扶持力度的同时，也应加大监管力度，对养老机构的服务质量和服务设施使用情况进行定期或不定期的评比监督，对养老机构收取的入住押金、医疗救急金等资金建立集中监管制度，以减少入住老人的财务风险。

---

[1] 张姝．机构养老滨海新区成全市“样板”[N]．滨海时报，2017-4-22.

[2] 赵秋璐，翟坤，王立科．天津老龄化社会下的养老设施布局研究[C]．城乡治理与规划改革——2014中国城市规划年会论文集（11—规划实施与管理）：8.

3. 落实完善分类保障政策

首先，严格落实《天津市养老服务促进条例》中关于公办养老机构的职能定位，优先考虑和满足特殊困难老人的自愿入住需求，若公办养老机构床位有限，应对特殊困难老人实施货币化安置措施，使其能居家养老或选择民办养老机构。其次，在优先满足特殊困难老人的入住需求的基础上，积极向社会一般老人提供机构养老服务，并同社区和居家养老服务有机结合，充分发挥公办养老机构的示范引领作用。最后，对于应享受优抚优待待遇的孤寡、高龄和失能老人，应积极落实优抚优待政策，将其安置于养护条件较理想的市级公办养老机构中。

4. 出台特殊家庭老人帮扶和护理员激励政策

对于具有天津市户籍，在入住养老机构或接受紧急医疗救助等服务时，依据现有规定无法按照相应程序履行签订养老服务合同、进行住院登记和手术签字等手续的特殊家庭老年人，应借鉴北京市的做法，帮助老人选择由天津市民政局通过公开招标方式选定的社会组织作为代理服务机构，代理服务机构接受特殊家庭老年人委托，协助其与养老机构签订养老服务合同，在老年人出现疾病或特殊事故等紧急情况需要接受医疗救助时，代为办理住院登记、手术签字等相关事项，在申请人权益受到侵害时，代理特殊家庭老年人进行维权及其他经双方约定的服务事项。在此过程中，代理服务机构与委托老人也可依据双方约定解除委托关系，代理服务机构应接受民政部门及法律部门监管。

对于养老护理员，在现有的培训规定及补贴、保险补贴的基础上，应继续加大补贴力度，使其待遇整体略高于医院护士待遇；对于护养级别高的护理员，建立职务职称晋升制度，为其建立企业年金或职业年金账户；对于非津籍护理员，可试行与户籍落户积分制度相结合，在计算积分时，根据其实际工作贡献和工作年限，享受多积分政策。

第五章　河北省社会养老服务体系建设

一、社区和居家养老服务

1. 河北省人口老龄化状况

河北省（Hebei Province），古属冀州、直隶，简称“冀”，省会石家庄，地处华北、漳河以北，东临渤海，内环京津。河北是中华民族的发祥地之一，省级以上文物保护单位达930处，居全国第一位。目前全省总面积为18.88万平方公里，辖11个地级市（石家庄市、唐山市、秦皇岛市、邯郸市、邢台市、保定市、张家口市、承德市、沧州市、廊坊市、衡水市）和1个国家级新区（雄安新区）。

截至2014年年底，河北省常住人口7383.75万人，60岁及以上人口为1115.68万人，占常住人口的15.11%；其中，80岁以上高龄老人127.8万人，占老龄人口的11.5%。近年来，河北省人口老龄化呈现三个特点：一是老年人口增速加快。2010年，河北省60岁以上老年人口为934万人，占全省总人口的13%；到2015年，全省60岁以上老年人口为1212万人，占比为16.32%（其余各年见表5.1）。二是高龄老人增速加快。2010年，全省80岁以上高龄老人为98万人，占老年人总数的10.5%；到2015年，全省高龄老人为155万人，占老年人总数的12.4%。三是家庭空巢化加快。2010年，全省常住人口中有家庭户2039.5万户，家庭户规模为3.36人，比2000年减少了0.23人。随着第一代独生子女父母进入老年，空巢老年人口将进一步增多。综上可见，无论是60岁及以上老年人口还是80岁以上高龄人口，在绝对数量和相对占比上都逐年增加，再加上空巢家庭规模的不断增大，河北省老年人口养老服务任重而道远。

另外，2015年，全省城镇常住人口3811.21万人，常住人口城镇化率突破了50%，达到51.33%，首次超过乡村人口。

表5.1　2011—2015年河北省60岁及以上老年人口变化[1]

年份	2011	2012	2013	2014	2015
60岁及以上老年人口/万人	983	1028	1074.23	1115.68	1212
占总户籍人口的比例/%	13.5	14.1	14.65	15.11	16.32

2. 河北省社区和居家养老服务政策沿革

近年来，河北省围绕养老服务体系规划、居家养老呼叫服务网络建设、农村幸福工程建设、高龄老人生活补贴、助老健康御险等多方面出台了一系列规定（具体见表5.2），促进了河北省社区和居家养老服务事业的发展。到“十二五”末，全省基本建立起以居家养老为基础、社区服务为依托、机构养老为补充的养老服务新格局，3%的老年人实现机构养老，97%的老年人依托社区服务实现居家养老。

3. 河北省社区和居家养老服务建设取得的成效

（1）农村互助养老模式全国首创

河北省邯郸市肥乡县是我国农村互助幸福院的发源地。2008年，该县创建的“互助养老”是一种基于农村经济社会发展实际、充分尊重农村老年人养老

[1] 2013年数据来源于：河北常住人口约7332万老龄人口比重继续上升[EB/OL]. 中国新闻网. [2014-03-04]. http://www.chinanews.com/sh/2014/03-04/5908686.shtml.

表5.2 2000年以来河北省关于社区和居家养老服务相关政策措施

年份	发文机构	文件名称	主要内容
2005	河北省人民政府	《河北省老年人优待办法》（冀政函〔2005〕7号）	规定了老年人在社区公共事务当中的一些优惠，如，70岁以上免费乘车、老年人免费参观、免费使用收费卫生间及医疗优惠等，以及权益受到侵害时法院和国家各方面的优惠支持
2007	河北省人民政府	《河北省人民政府办公厅关于加快发展养老服务业的意见》（冀政办函〔2007〕1号）	“十一五”期间，基本建成以政府兴办的养老服务机构为示范、居家养老为基础、社区养老服务为依托、社会办养老服务机构为补充，适应我省人口老龄化发展趋势的多元化、多层次的城乡社会养老服务体系；对于各类投资主体新建、改建、扩建养老服务项目和养老服务设施，都要优先予以立项及优先予以规划定点
2007	河北省人民政府办公厅	《中共河北省委人民政府办公厅关于进一步加强老龄工作的通知》（冀办字〔2007〕3号）	根据不同类型老年人的实际需求，采取新建、改建、扩建、重组等方式，加快社区养老服务机构和设施的建设，增加数量，扩展功能，逐步建立起布局合理、设施齐备、服务周到、管理规范的养老服务网络，为广大老年人提供优质便捷的服务
2010	河北省人民政府	《河北省人民政府关于加快推进养老服务体系建设的意见》（冀政〔2010〕72号）	建立完善居家养老服务网络，以社区为依托，普遍建立“为老服务热线”、居家养老呼叫服务网络等信息沟通求助渠道，依托敬老院、光荣院、福利院“三院合一”型民政事业服务中心或中心敬老院等设施资源，积极向农村社区推进；到“十二五”末，全省基本建立起以居家养老为基础、社区服务为依托、机构养老为补充，布局合理、规模适度、功能完善、覆盖城乡的养老服务新格局；3%的老年人实现机构养老，97%的老年人依托社区服务实现居家养老
2010	河北省民政厅	《河北省民政厅关于支持监督管理居家养老呼叫服务网络的指导意见》（冀民〔2010〕88号）	围绕居家养老呼叫服务，规定了各级民政部门要争取政府全方位支持居家养老呼叫服务网络建设运营，基层社区组织要大力支持居家养老呼叫服务公司工作，居家养老呼叫服务网络公司要强化内部管理，确保服务质量

续表

年份	发文机构	文件名称	主要内容
2010	河北省民政厅	《河北省居家养老呼叫服务网络建设实施方案》（冀民〔2010〕32 号）	已失效
2010	河北省民政厅、中国联合网络通信有限公司河北省分公司	《河北省民政厅关于建设全省社区信息综合服务平台及居家养老“一键通”呼叫服务网络的通知》（冀民〔2010〕92 号）	立足社区服务，共建以“12349”社区服务热线为核心的居家养老“一键通”呼叫服务网络平台，实现紧急救治、家政服务、保健护理以及与老人家属多方通话
2011	河北省民政厅	《河北省民政厅关于印发〈河北省基本养老服务体系建设“十二五”规划〉的通知》(冀民〔2011〕73 号)	已失效
2011	河北省委组织部、省民政厅等 4 部门	《关于大力推进农村社会养老“幸福工程”的意见》（冀民〔2011〕51 号）	在全省各地的新民居示范村建设中，都必须把农村互助幸福院建设纳入村庄规划；文件下发当年全省要力争 20% 的村完成农村互助幸福院建设任务，邯郸市覆盖面要高于全省，肥乡县力争达到 50% 以上；到“十二五”末，全省农村以互助幸福院为主的社会各种养老服务机构实现基本覆盖的目标
2011	河北省民政厅	《关于加快建立覆盖全省城乡的居家养老呼叫服务网络的通知》（冀民〔2011〕61 号）	从 2011 年 7 月起，逐级建立月报告制度。各设区市要每月 30 日前报告一次各县、市、区居家养老呼叫服务网络建设进展情况；省厅每月上旬在养老服务体系建设简报上予以通报；同时，省厅将采取定期每季检查和不定期抽查相结合的方式，对各地建设情况进行督导检查；全省于 11 月 30 日前后组织检查验收
2011	河北省人民政府	《河北省人民政府办公厅关于加快发展家庭服务业的实施意见》（冀政办〔2011〕10 号）	积极推进家庭服务业市场化、产业化、社会化，发展重点包括家政服务业、养老服务业（建设一批高标准、高质量的社会化养老服务机构，重点发展日托、上门照料、送餐、陪护等项目）、社区照料服务业、病患陪护服务业［在设区市普遍建立网络服务中心，实行全省统一的电话呼叫号码（88908890），推广居家养老“一键通”服务网络］

续表

年份	发文机构	文件名称	主要内容
2012	河北省人民政府	《河北省老龄事业发展“十二五”规划》（冀政办函〔2012〕7号）	每个街道办事处建设1所示范性老年日间照料中心，80%的城市社区建有为老服务站，50%的乡（镇）建有老年福利服务中心；积极推进农村养老“幸福工程”，到2015年，全省开展农村空巢老年人帮扶服务的乡村达50%以上
2012	河北省民政厅	《河北省社区服务体系建设规划（2011—2015年）》（冀民〔2012〕107号）	到2015年，我省每个社区将按照每百户不低于20平方米的标准配置社区综合服务设施，按户口计算不足300平方米的，按不少于300平方米提供，在全省设置统一的社区服务呼叫电话号码的基础上，建立社区老年人、残疾人及全体居民的呼叫保障系统
2012	河北省民政厅、省财政厅	《河北省民政厅河北省财政厅关于加快推进居家养老服务中心建设的实施意见》（冀民〔2012〕65号）	到2015年，在全省每个街道办事处建设1所示范性居家养老服务中心，80%的城市社区建成居家养老服务中心。新建社区居家养老服务中心的规模，建筑面积一般不低于300平方米（包含与社区服务设施共用部分），包括“六室一校”[休息室、配（就）餐室、阅览室、文体活动室、健身康复室、医疗保健室、老年人学校]。已建的旧小区兴办居家养老服务中心的规模，建筑面积一般不低于150平方米（包括与社区服务设施共用部分），设有“五室一课”[休息室、配（就）餐室、阅览室、文体活动室、医疗保健康复室、老年课堂]，提供的服务包括生活照料、配（就）餐服务、健康保健、精神慰藉
2012	河北省民政厅	《关于加快建立高龄老人生活补贴制度的指导意见》（冀民〔2012〕63号）	建立高龄老人基本信息库，确定高龄老人生活补贴标准，积极筹措高龄老人生活补贴资金及发放方法
2013	河北省委组织部	《关于加强社会工作专业人才队伍建设的实施意见》（冀组〔2013〕4号）	明确了关于加快推进河北省社会工作专业人才队伍建设的总体思路、工作目标、任务措施和组织保障

续表

年份	发文机构	文件名称	主要内容
2013	河北省委组织部	《关于社会工作专业人才队伍建设中长期规划（2012—2020 年）》（冀组〔2013〕9 号）	首先指出社会工作专业人才队伍建设的主要成绩；然后指出推进社会工作专业人才队伍建设的主要做法，包括各级高度重视、加强岗位开发、坚持专业引领、积极推进京津冀社会工作协同发展；最后提出“十三五”时期社会工作发展思路及措施
2014	河北省人民政府	《河北省人民政府〈关于加快发展养老服务业的实施意见〉》（冀政〔2014〕67 号）	到 2020 年，居家养老服务中心覆盖所有城市社区和 90% 以上乡（镇），农村互助幸福院基本实现全覆盖；加强城乡社区养老服务设施建设：大力推广居家养老呼叫服务网络，着力推动居家养老服务中心建设，加强城市社区养老服务设施建设（必须按照人均用地不少于 0.1 平方米的标准，分区分级规划设置养老服务设施），加强农村养老服务设施建设
2014	河北省人民政府	《关于政府向社会力量购买服务的实施意见》（冀政办〔2014〕3 号）	2014 年起，在全省各公共服务领域开展政府向社会力量购买服务工作试点；明确了购买主体、购买内容和购买程序、绩效管理
2014	河北省民政厅	《河北省老年人优待办法》	规定了老年人优待的各种情况，设区的市、县（市、区）人民政府按照国家和本省有关规定，并根据本地实际，对 80 周岁以上老年人发放高龄津贴；其中，百岁以上老年人的高龄津贴每人每月不少于 300 元。对经济困难的老年人逐步给予养老服务补贴，依法免除农村老年人兴办公益事业的筹劳义务
2015	河北省老龄办、省民政厅	《关于进一步推进老年人意外伤害保险工作的指导意见》	老年人意外伤害保险名称统一为“助老健康御险”，险种为“综合性意外伤害保险”；保期为 1 年，每份保费 10 元，保险金额不得低于 7000 元，其中意外死亡及伤残保险金额不得低于 5000 元，意外伤害医疗保险金额不得低于 2000 元，每人可投保份额由各级老龄办、民政部门与已中标的中国人寿保险公司河北分公司商定；60 ~ 99 周岁的老年人均可自费参保，纳入政府购买保险范围的年满 60 周岁及以上的“低保”“三无”“五保”和失独等经济困难的老年人，由老龄办、民政部门作为代表与承保保险公司签订承保协议，并根据协议向承保保险公司统一支付保险金；对赔付范围和保障责任进行了规定

续表

年份	发文机构	文件名称	主要内容
2015	河北省发改委、民政厅等12部门	《关于印发〈河北省加快推进健康与养老服务工程建设实施方案〉的通知》(冀发改投资〔2015〕428号)	到2020年，全面建成以居家为基础、社区为依托、机构为支撑，功能完善、规模适度、覆盖城乡的养老服务体系，重点建设社区老年人日间照料中心、老年养护院、养老院和医养结合服务设施、农村养老服务设施
2016	河北省第十二届人大常委会第二十四次会议审议通过	《河北省居家养老服务条例》	规定了居家养老服务的内容，规定了老年人的子女及其他依法负有赡养扶养义务的人、县级以上人民政府、乡（镇）人民政府和街道办事处、居（村）民委员会、住房城乡建设等部门及社区（村）卫生服务机构的责任，新建居住区应当按照养老服务规划，以每百户不低于30平方米的标准，配套建设养老服务设施，与住宅同步规划、同步建设、同步验收、同步交付；老旧小区没有养老服务设施或者现有设施未达到配套建设指标的，按照每百户不低于20平方米的标准，由所在地人民政府通过购置、置换、租赁等方式逐步进行配置
2016	省卫生计生委、省民政厅等9部门	《河北省推进医疗卫生与养老服务相结合的实施意见》(冀政办字〔2016〕4号)	到2017年，实现医疗和养老资源的有效融合，80%以上的医疗机构开设为老年人提供优先挂号、优先就医等便利服务的绿色通道；逐步提升基层医疗机构为居家老年人提供上门服务的能力，65岁以上老年人健康管理率达到70%以上；到2020年，65岁以上老年人健康管理率达到75%以上
2016	河北省人民政府	《河北省“大健康、新医疗”产业发展规划（2016—2020年）》	鼓励医疗机构将护理服务延伸至社区和家庭，推行家庭医生制度，鼓励医生与家庭结对服务；推进综合性居家养老服务中心建设，鼓励社会力量发展日间照料、全托、半托等老年人照料服务

意愿，利用集体资源解决农村老年人养老问题的养老服务新模式。肥乡县在实地考察调研和实践工作的基础上，立足县情，在全国率先探索出“集体建院，集中居住，自我保障，互助服务”的农村互助养老模式。所谓集体建院，就是由村里出资建造房屋，或者利用集体闲置的房屋进行整修改造，建设互助幸福院，并由村集体承担水、电、暖气和其他日常开支。县财政对幸福院内的生活基础设施建设和日用品采购给予补贴，对入住 10 ～ 20 人的，补助资金 5000 元；入住 20 人以上的，每增加 10 人补助 1000 元。[1]集中居住针对的是 60 周岁以上生活能够自理的独居老年人，在老年人自愿的基础上，由其子女提出申请，在与村委会签订协议后即可以免费入住。对于孤寡老人和“五保户”，只要其提出的申请得到村委会的同意后就可入住。自我保障是指居住在互助院的老人自己或其子女承担基本生活费用，而“五保”老人可免费入住，由县财政承担其生活费用。互助服务则是由年龄小的照顾年龄大的，身体好的照顾身体较差的，充分发挥各自的能力和优势，相互帮助，共同生活。

除此之外，河北省在肥乡模式的基础上，又因地制宜地探索出专门建设供老年人居住的一室一厅、功能齐全的老年住房或周转房，老年人分户居住的康保模式，村集体举办、适当收取生活费用、统一提供餐饮服务的自给自足式的成安模式，以及其他机构模式。为支持幸福院建设，2011 年 5 月出台了《关于大力推进农村社会养老“幸福工程”的意见》，2011—2013 年，河北省级安排专项奖补资金超过 1 亿元，对全省完成建设任务的 2.5 万个幸福院进行了奖补。[2]截至 2016 年 6 月底，河北省共建成幸福院 33 539 个，占河北省行政村的 70.1%。[3]互助养老模式开创了农村社会化养老的新路，农村互助幸福院的建设符合农村尊老敬老养老的传统，破解了农村养老难题，是发展农村养老事业的典范。

（2）*居家养老呼叫服务网络实现全覆盖*

养老服务应向信息化、智能化方向发展，居家养老呼叫服务是智慧养老的

---

[1] 仝静海. 河北省社会养老服务体系建设工作会在石家庄举行 [N]. 河北日报，2012-08-31.

[2] 河北省财政厅．“三大亮点”打造河北养老服务体系 [J]. 中国财政，2014（3）：20.

[3] 佚名. 河北省农村互助幸福院建设情况及发展建议 [EB/OL]. 河北省老龄委办公室网. [2017-01-05]. http：//www.hebllw.org.cn/html/news/detail_2017_01/05/488.html.

一项重要且基本的服务项目。2010 年 9 月 8 日，河北省启动“一键通”呼叫服务网络，按照“政府主导、社会参与、市场运作”的原则，出台了《河北省民政厅关于支持监督管理居家养老呼叫服务网络的指导意见》《省民政厅关于建设全省社区信息综合服务平台及居家养老“一键通”呼叫服务网络的通知》（冀民〔2010〕92 号）和《关于加快建立覆盖全省城乡的居家养老呼叫服务网络的通知》（冀民〔2011〕61 号）等一系列文件，引导企事业单位利用现代通信和网络技术，通过建立市县网络平台、免费发放呼叫终端（老年手机）、吸引服务企业加盟、制定加盟企业服务标准、建立老年服务信息等程序，参与居家养老服务呼叫网络建设，形成覆盖城乡、体系健全的以“为老服务热线”和“一键通紧急呼叫”为主要内容的养老服务呼叫网络，已覆盖全省 11 个设区市、36 个市辖区和 172 个县（市、区）[1]；到 2015 年，入网人数突破 100 万人，为老服务企业达到 4 万余家，实现了“一键通”养老服务呼叫网络全覆盖，居家老人足不出户就能享受到商品配送、家政服务、医疗急救、生活照料等多方面服务，较好解决了居家老人养老难题。

(3) 社区养老服务体系不断发展

社区养老服务体系主要包括托老院、日间照料中心、老年活动中心和互助养老服务中心等。近年来，河北省社区养老建设不断发展和完善，由表 5.3 可见，社区日间照料床位和社区留宿照料床位增长较快，这就有利于满足不断增多的河北省老年人社区和居家养老服务需求。

表5.3　2011—2014年河北省社区养老服务基本情况[2]

年份	社区服务中心 / 个	社区服务站 / 个	社区日间照料床位数 / 床	社区留宿照料床位数 / 床
2011	285	1396	1982	796
2012	285	1805	8395	5055
2013	400	1809	103 570	49 576
2014(截至第二季度)	781	1588	130 747	74 653

[1] 河北省财政厅．“三大亮点”打造河北养老服务体系 [J]. 中国财政，2014（3）：20.

[2] 刘静．河北省养老服务体系研究 [D]. 唐山：河北联合大学，2015：19.

(4)“助老安康工程”进展顺利

针对老年人发生意外的风险概率大、经济负担能力有限的情况，河北省老龄办与中国人寿河北分公司共同推出了一款带有公益性的惠民险种，参保对象为55～99周岁且身体健康的中老年人，该工程在2008年年底开始在全省试点开展，填补了当时老年人意外伤害商业保险的空白。至2015年，累计参保老年人678万人次，近2万老年人获得意外伤害赔偿，赔付金额达5000万元。[1]2015年，河北省颁布《关于进一步推进老年人意外伤害保险工作的指导意见》，将老年人意外伤害保险名称统一为“助老健康御险”，险种为“综合性意外伤害保险”，其中，年满60周岁及以上的“低保”“三无”“五保”和失独等经济困难的老年人由政府购买保险。2016年，为贯彻落实全国老龄办、民政部、财政部、中国保监委等4部委《关于开展老年人意外伤害保险工作的指导意见》(全国老龄办发〔2016〕32号）精神,河北省启动“助老安康工程”建设，继续大力推进“助老健康御险”，该工程将为全省老年人的老年生活和养老构筑起一道新的“安全网”。

此外，在涉老救助和福利方面，截至2015年，全省262万老年人享受了最低生活保障待遇，22.8万城市“三无”、农村“五保”老年人纳入供养范围；169个县（市、区）全部建立高龄津贴制度，其中129个县（市、区）实现了全覆盖,总计惠及82.8万高龄老人。[2]这些措施能为老年人提供一定的经济保障，使老年人养老更加舒心。

4. 河北省社区和居家养老服务建设面临的问题

(1) 覆盖率有待提高

由于河北省人口较多，地域广阔，尽管近几年社区和居家养老服务事业发展迅速，但覆盖率还有待提高。据统计，2015年，全省共建立城市社区居家养

[1] 佚名．河北：“助老安康工程”构筑起老年人的安全网[EB/OL]. 长城网，[2016-09-02]. http：//report.hebei.com.cn/system/2016/09/01/017265400.shtml.

[2] 佚名．河北省169个县（市、区）全部建立高龄津贴制度[EB/OL]. 河北新闻网，[2016-4-22]. http：//news.xinhuanet.com/local/2016-04/22/c_128922220.htm.

老服务中心 2388 个，社区覆盖率为 70%[1]；农村互助幸福院覆盖率也为 70%。这说明，在河北省数量庞大的城市和农村社区，还有很多社区亟待开展社区和居家服务建设活动。如，在调研中发现，还有很多小区域的村庄、村镇仍处于无“幸福院”、无“养老院”、无“五院中心”的“三无”状态，养老仍处于“自治”状态，而随着城镇化进程的提高及计划生育政策的落实，有养老需求的独居老人、空巢老人遍布大大小小各社区和村庄。在扩大覆盖率的过程中，一方面需要新建服务设施，另一方面需要对老旧社区进行适老化改造，这都是需要面临和解决的问题。

（2）养老服务内容有待扩充

老年人是一个庞大的社会群体，随着经济水平的发展和个人身体、精神状况的差异，其对居家养老服务的需求也呈现出多样化与个性化的特点。但现有的社区和居家养老服务还难以满足这些需求。课题组调查结果显示，在城市社区，有 63.14% 的受调查者表示社会养老服务的服务质量不高且内容少，另有 55.52% 的人表示服务不全面。在农村地区，大多设施较简陋，服务内容相对单一且服务质量较差，仅停留在满足老年人基本生活需要的层次。一些农村老年人居住在家，家用电器出现故障无法获得及时修理；子女忙于工作而忽视与老年人的交流，老年人孤独寂寞，无法获得及时的心理疏通和情感慰藉，这类现象不一而足。而根据马斯洛的需求层次理论，生理和安全的需求仅是维持老年人自身生存的最基本也是最低层次的需求，老年人除了追求这些基本需求外，还希望获得感情上的满足，渴望得到尊重，实现自身价值，发挥自己最后的余热。而实际上，老年人只得到了送餐服务、打扫卫生和紧急护理等基本生活服务。因此，促使服务内容全面化已成为必要的共识。

（3）资金来源有待多元化

目前河北省养老服务资金主要依靠政府财政投入，尤其是农村养老的发展，几乎完全依赖地方政府财政支持。2014 年河北省社会服务事业费占财政支出的比重是 37.5%，全国平均水平是 29.0%，同期北京和天津分别是 38.3% 和

---

[1] 佚名．河北省 262 万老年人享受最低生活保障待遇 [EB/OL]．河北新闻网．[2016-05-03]. http://hb.jjj.qq.com/a/20160503/048500.htm.

23.2%。[1]这说明，河北省在养老服务上引入社会力量还有待加强，相较于机构养老，社区和居家养老服务对地方财政的依赖程度更大，而河北省地方财政实力苦乐不均，这就导致在经济发展水平低、财政收入低的区域，社区和居家养老覆盖率不高，或服务设施简陋、服务质量难以提高等一系列问题。

（4）服务对象还有待扩充调整

目前，社区服务中心、日间照料及留宿床位接待的对象都为能自理或半自理的老人，农村互助幸福院接收的也多是具有自理能力的农村老人，而迫切需要得到照护的却是失能、失智老人，这就容易造成社区服务流于形式、幸福院入住率不高等问题。

5. 对河北省社区和居家养老服务建设的建议

（1）不断大力提高覆盖率

针对社区和居家服务中心和农村幸福院约30%的覆盖率缺口，河北省还应大力推进社区和居家养老中心建设。对于新建社区，严格按照《河北省居家养老服务条例》要求，新建居住区应按照养老服务规划，以每百户不低于30平方米的标准，配套建设养老服务设施，与住宅同步规划、同步建设、同步验收、同步交付；老旧小区没有养老服务设施或者现有设施未达到配套建设指标的，按照每百户不低于20平方米的标准，由所在地人民政府通过购置、置换、租赁等方式逐步进行配置。在老旧小区改造过程中，应出台更明确的优惠政策，倡导社会力量参与其中，降低改造成本，降低财政负担，使社区和居家养老服务实现城乡全覆盖。

（2）探索解决特殊群体的养老问题

首先，目前大多数养老机构和社区服务中心在入住或服务对象上，都偏于接纳有自理能力或半自理能力的老人；对完全失能老人有些“敬而远之”，对患精神病、传染病的老人拒绝接纳，而事实上，这些群体最需护理照看，且成本高昂。从医学上讲，患精神病、传染病的老人理应送进医院，接受医院治疗，

[1] 覃志红．京津冀协同发展视域下河北省养老服务创新发展的深层思考［J］．经济论坛，2016(4)：5.

但这花费颇高（尤其是精神病患者），而且患慢性病的失能老人并非需要长期住院，最需要的主要是长期护理。可现实中，针对这些特殊群体还没有很好的解决办法，主要是留给家庭负责。对于收入本就不高的患者家庭，这些都是不能承受之重。针对此问题，应在探索建立护理保险制度的基础上，通过村委会或居委会，倡导建立村社（社区）志愿服务组织，将有劳动能力的农村农闲人员（暂时失业人员）组织起来，分期分批地对这些人员及家庭提供养老护理服务，以减轻他们的精神和经济负担。当然，志愿者的服务应该记录在案，在以后的养老服务享受以及其他惠农或就业政策的落实上要考虑这些因素，从而形成良性循环。

其次，对于居住地方偏僻分散的农村老人，由于建设成本等原因的制约，互助幸福院、养老院等养老资源可能都不能惠及这些人员，针对此问题，一是进一步推进新农村建设，尝试家庭迁居，使其迁入农民集居地；二是加强通信网络建设，通过固定电话、手机等手段加强不定期联络；三是公办养老机构定期派出相关人员进行家访，以防范相关风险的发生。

（3）不断丰富服务内容

在服务项目上，目前河北省社区和居家养老服务主要是提供家政服务、日常照料等基础服务。2015 年，河北省开通了“12348”法律援助专线，已办理老年人法律援助案件 3 万余件，为老年人提供法律咨询 10 万余次。但总体而言，其提供的服务项目和内容还有待不断丰富和拓展，如诊疗护理、保健康复、休闲文娱活动和精神慰藉等。据调研，目前有 62.19% 的受调研者认为，在社会养老服务中，医疗保健是最应得到重点关注的，可见，尽快实现社区和居家养老的医养结合是目前河北省养老服务事业的一项极其重要的工作。另有 55.47% 的人更关注衣食住行，23.84% 的人关注休闲文娱活动，22.18% 的人关注心理及情感需求。例如，很多老人由于子女不在身边，精神上空虚苦闷，针对此种情况，社区在提供养老服务时，不仅应注重就餐吃饭等基本服务项目，更应注重通过聊天、看电视、定期组织活动加强与老人的精神沟通，提高其满意度，使其能老有所乐。总之，要逐步改变重建设、轻管理的趋势和局面，重视实效，重视本社区居民的养老服务具体需求，做到有的放矢、因地制宜，不断加强软实力的打造，这样才能将社区和居家养老服务真正做到老年人的心坎里。

（4）不断提高老年人养老服务支付能力

由于社区和居家养老服务并不是完全免费享受，所以，要提高养老服务覆盖率和老年人生活质量，需要不断提高老年人的养老服务支付能力。在此方面，河北省应加大财政投入，尤其是省（市）级投入。

一是对互助幸福院的补贴出资。对于县（市、区）地方财政确实困难、村集体经济落后的农村地区，根据其实际困难程度，省、市级财政应承担起适当比例的补贴出资责任。此外，对于个人提供相关场所或设备的，也应给予一定奖励补贴。这样，困难地区的农村互助幸福院的建设才能落到实处。

二是对城乡居民养老保险基础养老金待遇增长的出资补贴。目前，相对于日益增长的生活成本和养老成本，河北省大部分县（市）城乡居民养老保险基础养老金待遇过低，无法起到相应的养老保障作用，所以，给付水平亟待提高。据测算，目前基础养老金水平达到约250元较为合理。此外，在制度建设上，城乡居民养老保险在居民缴费补贴机制、缴费激励机制、个人账户计发系数方面都需要进行改革完善。[1]总之，老人“兜里有钱”，养老才不犯愁。

三是对新农合和城镇居民医疗保险的出资补贴。一方面，在参保过程中，应不断加大对老年参保人的参保补贴力度，甚至应制定最低参保缴费年限，使其在满足一定条件后可以免费享受新农合，这样，老年人有限的资金财产不致过于分散，才有余力去购买养老服务；另一方面，在报销给付过程中，应提高门诊医疗报销比例，将老人易患病种作为报销重点，降低起付线，提高封顶线，适当扩大可报销的药品目录和诊疗目录，这样，使得老人生病花钱少，“兜里剩得下钱”。

四是探索建立长期护理保险制度。在老人尤其是失能老人的养老成本中，护理成本并不亚于甚至高于医疗成本，而目前我国只建立了医疗保险制度，只能对相关的药品和诊疗项目进行费用分担；在护理方面，没有制度性的费用分担机制。所以，探索建立符合中国国情的护理保险制度势在必行。当然，护理

[1] 王小春，李春鸣．新农保可持续发展研究［M］．南昌：江西教育出版社，2013.

保险制度的建立不仅对失能半失能老人及家庭有重要意义，对各年龄阶段的病残人员及家庭都有重要意义。

二、机构养老服务

2011 年，中国老龄科学中心发布的一项研究报告显示，“十二五”末，我国部分失能和完全失能老年人占总体老年人口的比重预计达 19.5%，其中完全失能老年人占比预计达 6.05%。[1]据此，按 2015 年老年人口数据匡算，河北省部分失能和完全失能老年人有 236.34 万多人，其中完全失能的达 73.326 万人，由此可见需要进行机构养老的“刚需”群体数量之大。

1. 河北省机构养老服务政策沿革

自 2000 年来，河北省在机构养老方面颁布了一系列政策，这些政策涉及养老机构建设、优惠政策、照护规范、人员培训等诸多方面，具体如表 5.4 所示。

2. 河北省机构养老服务取得的成效

(1)“多院合一”创新机构养老模式

“多院合一”养老模式是以河北省保定市顺平县为典型代表首倡的一种通过资源整合，实现集约规模化养老，从而降低运行成本、提高老年人生活质量的实践模式。2008 年，顺平县针对优抚对象多、“五保”老人多、贫困人口多而现有养老服务设施规模小、档次低、区域分散、利用率低及管理成本高等突出矛盾，以贯彻落实国务院《农村五保供养工作条例》为契机，建设了县民政事业服务中心，提出将孤老优抚对象和“五保”对象集中供养的设想，并将敬老院、光荣院、福利院“三院合一”的养老服务模式延伸为光荣院、敬老院、

[1] 史文通．谁来照护失能老人 [N]．河北日报，2016-01-14.

表5.4 2000年以来河北省关于机构养老服务相关政策措施

年份	发文机构	文件名称	主要内容
2001	河北省民政厅	《河北省社会福利机构管理暂行办法》（冀民〔2001〕67 号）	为推进社会福利院规范化、制度化、标准化提供了制度保障
2006	河北省民政厅	《关于印发〈河北省社会福利院管理规范〉的通知》（冀民〔2006〕31 号）	从队伍建设（领导班子、职工队伍与老人比例、职业道德、业务培训）、医疗保健、生活护理、康复娱乐、后勤保障各方面对全省社会福利院的管理进行了详细规定
2006	河北省民政厅	《关于进一步加强农村五保供养工作的通知》(冀政办函〔2006〕28 号）	对供养资金、供养标准和农村五保供养服务机构建设有关问题提出了要求，设定了五保供养标准的低限，提出了农村五保供养服务机构建设的基本原则
2007	河北省人民政府	《河北省人民政府办公厅关于加快发展养老服务业的意见》（冀政办函〔2007〕1 号）	到“十一五”末，全省各种所有制形式的养老服务机构床位数达到每千名老年人 13 张以上。经民政部门审批、登记的福利性、非营利性的养老服务机构，不论公办还是民办，都享受同等优惠政策。社会办养老服务机构用房自建、提供社会老年人养老的床位数达 50 张以上的，按核定的床位数给予一次性开办补助，每个床位补助不低于 1000 元；用房属租用且租用期 5 年以上的，分 5 年给予开办补助，按核定的床位，每个床位每年补助不低于 100 元。对于已经接收老年人的社会办养老服务机构，按入住满一个月的老年人实际占有床位数计算全年平均数，每年给予每个末位不低于 120 元的运营补贴

续表

年份	发文机构	文件名称	主要内容
2007	中共河北省委、人民政府办公厅	《中共河北省委人民政府办公厅关于进一步加强老龄工作的通知》(冀办字〔2007〕3号)	除了继续加大政府兴办的敬老院、福利院的投入外，还应积极采取公建民营、民办公助、政府补贴、购买服务等多元化资金投入和经营运作方式兴办养老服务业，优化资源配置，提高服务质量；鼓励社会力量以独资、合资、合作、联营、参股、特许经营等多种方式兴办养老服务业；按照国家有关政策，进一步加大对老年服务机构减免税收政策的落实力度；对于社会力量兴办的医疗、文体活动等养老服务设施，各级政府要采取多种形式予以扶持，在土地征用、设施建设、市政配套等方面提供优惠条件
2008	河北省民政厅、省财政厅	《关于贯彻落实〈农村五保供养工作条例〉中有关资金问题的通知》(冀财社〔2008〕12号)	明确省财政通过一般转移支付和农村税费改革转移支付，按照集中供养每人每年1500元、分散供养每人每年1200元的标准下达各地
2008	河北省人民政府	《关于进一步加强农村五保供养服务机构建设的通知》(冀政办函〔2008〕10号)	对农村五保供养服务机构的性质归属、设计规划、管理体制、人员配置等问题做了进一步规定；同时明确提出，2010年，全省五保集中供养能力要达到50%以上
2010	河北省人民政府	《河北省人民政府关于加快推进养老服务体系建设的意见》(冀政〔2010〕72号)	大力支持社会力量兴办养老机构，到“十二五”末，社会养老机构床位数所占比重达到50%以上。推进公办示范性养老机构建设。省和各市、县（市、区）采取新建、改扩建、购置等方式，整合现有医院、学校、培训中心等闲置资源，至少建成一所公办示范性养老机构，对新办的非营利性养老机构建设用地，可采用划拨方式优先供地。对养老机构建设运营税费实行减免，福利性和非营利性养老机构提供的养老服务收入按规定免征营业税、企业所得税和自用房屋、土地的房产税及城镇土地使用税。水、电、暖、燃气管线（管道）工程和用水、用电、用气（管道燃气）、取暖、电话、有线（数字）电视、宽带互联网等费用，按居民收费标准或服务价格执行

续表

年份	发文机构	文件名称	主要内容
2010	河北省民政厅、省财政厅	《河北省民政厅河北省财政厅〈河北省养老服务体系建设考核奖补办法（试行）〉的通知》（冀民〔2010〕100 号）	将养老服务工作纳入政府绩效之中，加大政府重视力度，促进养老服务的整体发展，并规定了奖补资金的用途；并依此下发了 5000 万元养老服务体系建设奖励资金；社会办养老机构床位数达到 3.25 万张，比上年增长 25%
2011	河北省民政厅、省财政厅等 4 部门	《关于落实国家支持老年服务机构发展税费减免政策的通知》（冀民〔2011〕55 号）	对老年社会福利院、敬老院（养老院）、老年服务中心、老年公寓（含老年护理院、康复中心、托老所）等免征营业税，对其自用房产、土地暂免房产税、城镇土地使用税，收入免征企业所得税，免征耕地占用税，免征契税；用于老年福利事业的捐赠支出，在企业年度利润总额 12% 以内的部分，准予在计算应纳税所得额时扣除
2011	河北省人民政府	《河北省人民政府办公厅关于加快发展家庭服务业的实施意见》（冀政办〔2011〕10 号）	积极推进家庭服务业市场化、产业化、社会化，发展重点包括家政服务业、养老服务业（建设一批高标准、高质量的社会化养老服务机构，重点发展日托、上门照料、送餐、陪护等项目）、社区照料服务业、病患陪护服务业［在设区市普遍建立网络服务中心，实行全省统一的电话呼叫号码（88908890）］
2011	河北省物价局	《河北省物价局关于落实养老机构有关价格及收费标准的通知》（冀价管〔2011〕25 号）	（1）福利性和非营利性养老机构用水、用气（管道燃气）、取暖价格和电话、有线（数字）电视、宽带互联网资费，按当地居民使用的相应价费标准执行；现行低于当地居民使用价费标准的，维持现行价费标准不变 （2）养老家庭服务机构和残疾人托养服务机构与居民生活类用水、用电、用气、取暖同价，其他家庭服务机构逐步实现不高于工业用电、用水、用气价格

续表

年份	发文机构	文件名称	主要内容
2011	河北省民政厅	《关于对在岗养老护理员开展免费职业培训和技能鉴定工作的通知》	对在岗养老护理员开展免费职业培训和技能鉴定工作进行了具体规定
2011	河北省民政厅	《关于印发〈加快推进民政事业服务中心建设的实施方案〉的通知》（冀民〔2011〕69 号）	“十二五”期间，要规范管理全省民政事业服务中心为多院管理体制，新建、改扩建综合型民政事业服务中心 466 所（新建 50 所、改扩建 416 所县建县管敬老院、取消 252 所乡建乡管敬老院）、加上现有 164 所、总数达到 630 所、床位总数达到 22 万张以上、全省集中供养能力达到 70% 以上
2011	河北省民政厅	《关于印发〈河北省养老服务机构星级评定标准（试行）〉的通知》（冀民〔2011〕72 号）	全省星级养老服务机构等级由高到低分为三星级、二星级、一星级三个等次；对不同等级的规模划分、人力资源配置、服务标准（膳食服务、居住服务、生活护理服务、康复娱乐服务、医疗保健服务）、管理评定等进行了规定
2011	河北省国土资源厅、省民政厅	《关于做好建设养老机构用地工作的通知》（冀国土资发〔2011〕40 号）	将养老设施建设项目审批纳入绿色审批通道；对新办的非营利性养老服务机构采用划拨方式优先供地；对营利性养老服务机构建设用地，以招标、拍卖、挂牌方式公开出让
2012	河北省人民政府	《河北省老龄事业发展“十二五”规划》（冀政办函〔2012〕7 号）	积极支持社会力量兴办养老机构，到“十二五”末，每千名老年人拥有养老床位数达到 30 张，全省各类养老床位数达到 40 万张；其中，社会养老机构床位数超过 20 万张，所占比重达到 50% 以上。省和各设区市、县（市、区）至少建成 1 所公办示范性养老机构，省级公办示范性供养与护理相结合的养老机构床位在 300 张以上

续表

年份	发文机构	文件名称	主要内容
2012	河北省老龄委	《关于进一步加强“爱心护理工程”建设基地工作的意见》（冀老龄办发〔2012〕19号）	“爱心护理工程”建设基地的主要任务：（1）具备医疗护理、生活照料、康复保健、娱乐、心理治疗、临终关怀六项功能和配备必要设施；（2）健全岗位职责，入住老人档案资料管理，聘请人员协议，体检、巡诊、常规护理，财务管理，安全保卫、卫生（含饮食卫生、环境卫生）和值班等六方面管理制度；（3）达到证照100%办理齐全，基本设施（设备、器材）100%配备，基本制度100%建立，月平均入住率80%以上，半护理、全护理老人Ⅰ°褥疮发生率低于5%，Ⅱ°褥疮发生率为0，“综合满意”率达到85%以上等六项指标
2012	河北省民政厅、省财政厅	《河北省民政厅河北省财政厅关于对养老服务机构实行奖补的意见（试行）》（冀民〔2012〕81号）	已失效
2014	河北省人民政府	《河北省人民政府〈关于加快发展养老服务业的实施意见〉》（冀政〔2014〕67号）	到2020年，每千名老年人拥有养老床位35张以上，每个设区市至少建设1所示范性物联网养老服务机构，所有养老机构院长资质培训率达到100%，护理员持证上岗率达到90%以上；加强养老服务机构建设（公办养老机构要发挥托底作用，鼓励社会力量兴办养老服务机构，加快护理型养老服务机构建设），并制定了一系列投融资、土地供应、税费优惠、补贴支持政策

续表

年份	发文机构	文件名称	主要内容
2014	河北省民政厅	《河北省民政厅关于印发〈河北省养老机构管理办法〉的通知》（冀民〔2014〕52号）	对养老机构的服务内容和内部管理做出具体规定；对护理人员与服务对象的配比做出明确要求，自理的配比为1∶8，半护理为1∶5，全护理为1∶3
2014	河北省民政厅	《河北省民政厅关于印发〈河北省养老机构设立许可办法〉的通知》（冀民〔2014〕53号）	对河北省养老机构设立许可的条件和程序、许可管理、监督检查、法律责任进行了规定
2015	河北省民政厅	《关于对养老服务机构实行奖补的意见》（冀民〔2015〕21号）	一次性建设奖补：对于社会力量通过购置土地新建和利用自有房产改建的非营利性养老服务机构，给予每张床位4000元的建设奖补；对于社会力量租赁房产开办非营利性养老服务机构且租赁合同在5年以上的，给予每张床位2000元的建设奖补，最高奖补金额不超过200万元。 运营床位补贴：对于连续运营的养老服务机构，按实际入住老年人占用床位数，给予每月每张床位不低于100元的奖补，按年发放
2015	河北省卫生计生委等5部门	《关于进一步做好计划生育特殊困难家庭扶助工作的实施意见》	将给予参加城乡居民社会养老保险的计生特困家庭成员参保缴费补贴，优先安排60周岁及以上计生特困家庭夫妻入住政府投资兴办的养老机构
2015	河北省发改委、省民政厅等12部门	《关于印发〈河北省加快推进健康与养老服务工程建设实施方案〉的通知》（冀发改投资〔2015〕428号）	到2020年，每千名老年人拥有养老床位数达到35～40张，全面建成以居家为基础、社区为依托、机构为支撑，功能完善、规模适度、覆盖城乡的养老服务体系，重点建设社区老年人日间照料中心、老年养护院、养老院和医养结合服务设施、农村养老服务设施

续表

年份	发文机构	文件名称	主要内容
2016	石家庄市质监局	《养老机构日常照护规范》	规定了养老服务机构日常照护标准化流程，适用于需要接受养老服务的老年人。日常照护类别包括：自理级照护（一级照护）、介助照护（二级照护）、介护照护（三级照护、四级照护、五级照护、六级照护）及七级照护。护理人员与老人配置标准：能自理老人的照护员（护士）配置比例：1∶10；半自理老人的照护员配置比例：1∶8；不能自理老人的照护员配置比例：1∶6；每 100 ~ 150 名老人配置专业护士 2 名；每 50 ~ 80 名老人配置 1 名医生；每 90 ~ 100 名老人配置 1 名照护员主管
2016	河北省卫生计生委、省民政厅等 9 部门	《河北省推进医疗卫生与养老服务相结合的实施意见》（冀政办字〔2016〕4 号）	到 2017 年，实现医疗和养老资源的有效融合：建立健全养老机构与社区卫生服务中心（包括乡镇卫生院）或其他医疗机构签约服务机制，50% 以上的养老机构能够提供医疗卫生服务；80% 以上的医疗机构开设为老年人提供优先挂号、优先就医等便利服务的绿色通道；逐步提升基层医疗机构为居家老年人提供上门服务的能力，65 岁以上老年人健康管理率达到 70% 以上；到 2020 年，65 岁以上老年人健康管理率达到 75% 以上
2016	河北省人民政府	《河北省“大健康、新医疗”产业发展规划（2016—2020 年）》	大力推进医疗机构与养老、康复机构合作，鼓励有医疗需求和具备条件的养老机构内设医疗机构；开通养老机构与医疗机构的预约就诊绿色通道；建立健全二级以上医院与老年病医院、护理院、康复疗养机构之间的转诊与合作制度，鼓励新建以中医药健康养老为主的护理院、疗养院，鼓励有条件的养老机构设置以老年病、慢性病防治为主的中医诊室；鼓励二级以上中医医院开设老年病科；支持社会力量兴办医养结合机构

社会福利院、军休服务中心、优抚医院“五院合一”的高标准老年综合服务中心。中心实行“分区入住、区别标准、落实待遇”，划分为优抚区、五保区、社会福利区、特殊关怀区、优抚医院等，并实行分类管理，坚持优抚对象重于、高于、优于其他对象的标准。此外，该中心实行人、钱、医、安全、思想和服务“六统一”的管理模式，该模式在一定程度上满足了不同层次老年人的养老需求，有效缓解了人口老龄化和家庭小型化等带来的社会养老负担。2011年，顺平县民政事业服务中心共有包括住房、医院、餐厅、多功能厅在内的总计 8600 平方米的建筑面积，有床位 400 张，接纳了 312 位老人。❶

“多院合一”的民政事业服务中心成功解决了农村“五保户”、孤老优抚对象集中供养等难题，不但更好地提升了供养服务水平，更实现了资源的有效整合。其通过共用一个运行平台，减少了人员编制，降低了管理费用，节约了运行成本，提高了养老机构社会效益，走出一条社会化养老的新路子，成为国内养老事业的典型。2011 年，河北省颁布《关于印发〈加快推进民政事业服务中心建设的实施方案〉的通知》（冀民〔2011〕69 号）；2012 年 3 月 19 日，在国务院召开的第十三次全国民政工作会议上，顺平县民政局被国家人力资源和社会保障部、民政部授予“全国民政系统先进集体”。

在顺平县成功实践的基础上，保定市进行了全面推广，到 2012 年，保定市本级共拿出福彩公益金 2065 万元，争取省级奖补资金 2668 万元，建成投用 24 个这样“多院合一”的民政事业服务中心，床位总数达 1 万多张，在市区及 22 个县（市）实现了全覆盖。❷

(2)“医养结合”得到大力推进

医疗保健是老年人不可避免的养老需求，医养结合模式的优势在于整合养老和医疗两方面资源，为老人提供专业、及时、便捷、持续的照护，使老年人不用频繁往返于医院和养老院之间。

河北省部分区县在践行“医养结合”方面取得了较好成效。如，邯郸市肥

❶ 佚名．河北省顺平县打造“五院合一”民政事业服务中心纪实 [N]．中国财经报，2011-05-16.

❷ 林凤斌．河北保定“多院合一”养老敬老模式实现全覆盖 [EB/OL]．燕赵都市网，2012-10-07. http：//yanzhao. yzdsb. com. cn/system/2012/10/07/012015659. shtm.

乡县从2012年开始，投资2800万元建设高标准民政事业服务中心，按照“养老与医疗机构相融合、共建共营、医养结合”的思路和方法，将优抚医院、敬老院、民办养老机构集中管理、统一使用，形成“公建民营、医养结合”的运营管理新模式，同时将前屯、后屯、中白落堡、杨庄、东杜堡、城南堡等6个村的卫生室（所）建在幸福院里，成为县“医养结合”首批试点村[1]，目前，邯郸市从市、县、乡、村4级分类推进医养结合。河北省巨鹿县通过“民办医院+养老院”“公办医院+养老院”“门诊+养老院”等具体实践，探索出“医养一体、两院融合”的机构养老模式，通过将养老院纳入新农合报销范围等配套措施，使得农村养老院平均入住率比以前增加20%以上，医疗机构平均经营收益也增加30%以上。到2015年，全县已有80多家养老院和医疗机构提交了“两院融合、医养一体”试点申请。其中，20多家医疗机构和养老机构已实现医养一体。[2]此外，还有石家庄以“医养扶一体化”服务保障机制为依托，推进家庭医生签约服务和重点人群健康延伸服务。

2016年，河北省民政厅、省卫计委联合下发《河北省推进医疗卫生与养老服务相结合实施意见》（冀政办字〔2016〕4号），提出到2017年，全省将建立健全养老机构与社区卫生服务中心（包括乡镇卫生院）或其他医疗机构签约服务机制，50%以上的养老机构能够以不同形式为入住老年人提供医疗卫生服务；80%以上的医疗机构开设为老年人提供优先挂号、优先就医等便利服务的绿色通道。到2016年10月，河北省与养老机构签约服务的医疗机构达1077家，其中包括701家社区卫生服务站（村卫生室）、244家社区卫生服务中心（乡镇卫生院）、72家二级以上综合医院、3家老年专科医院和57家其他医疗机构。在老年专业医疗机构建设方面，全省现有护理院30家，老年病医院5家，康复医院13家；二级以上综合医院共有327家，其中开设老年病科的有113家，比例为34.56%；全省医养结合工作拉动社会资本投资额达35.5亿元。[3]同年，

[1] 李晓燕，李运强．河北肥乡：构建“医养结合”幸福新模式[EB/OL]．中国经济网．2016-03-18．http：//news.jxnews.com.cn/system/2016/03/18/014765910.shtml.

[2] 麻国栋．河北巨鹿县探索医养结合之路推行三种健康养老模式[N]．牛城晚报，2015-12-07.

[3] 王丽强．石家庄成国家级医养结合试点城市[N]．石家庄日报，2016-10-29.

石家庄、邯郸、邢台、保定被国家卫生计生委、民政部确定为国家级医养结合试点城市。❶此外，河北省相关区县还深入开展爱心护理工程建设基地和示范基地的创建，60 家社会办养老机构被列为全国爱心护理工程建设基地，4 家被评为全国爱心护理工程示范基地。❷

（3）养老床位数量达到预定目标

近年来，河北省一直重视养老服务机构的新建、改建等，养老床位数历年在全国位居前列。到 2015 年 12 月底，全省有城市养老机构 336 家，拥有床位 5.74 万张；农村养老机构 623 家，拥有床位 11.28 万张；光荣院、福利院等“四院一所”324 家，拥有床位 2.71 万张；城市社区养老服务中心和农村互助幸福院 31 050 家，拥有床位 23.93 万张，实现了每千名老年人拥有养老床位 30 张以上的目标。❸虽然离每千名老年人拥有养老床位 50 张的国际标准还有差距，但这对于老年人口数量庞大的河北省而言，值得肯定。

3. 河北省机构养老服务面临的问题

（1）民营养老机构优惠政策有待落实

民营养老机构的发展是社会力量参与养老服务体系建设的重要体现，也是减轻政府财政负担的重要途径。为促进民营养老机构的发展，河北省也分别出台了相应的扶持政策，如，《河北省人民政府办公厅关于加快发展养老服务业的意见》（冀政办函〔2007〕1 号）、《中共河北省委人民政府办公厅关于进一步加强老龄工作的通知》（冀办字〔2007〕3 号）、《河北省人民政府关于加快推进养老服务体系建设的意见》（冀政〔2010〕72 号）、《河北省民政厅河北省财政厅〈河北省养老服务体系建设考核奖补办法（试行）〉的通知》（冀民〔2010〕100 号）、《河北省物价局关于落实养老机构有关价格及收费标准的通知》（冀价管〔2011〕25 号）、《河北省民政厅河北省财政厅关于对养老服务机构实行奖补

❶ 肖建军．河北千家医疗机构与养老机构签约 [N]．健康报，2016-11-03.

❷ 河北省老龄工作委员会办公室．河北老龄事业发展综述 [EB/OL]．河北省老龄工作委员会办公室网，[2015-09-09]. http：//www.hebllw.org.cn/html/news/detail_2015_09/09/45.html.

❸ 覃志红．京津冀协同发展视域下河北省养老服务创新发展的深层思考 [J]．经济论坛，2016(4)：4.

的意见（试行）》（冀民〔2012〕81 号）、《关于对养老服务机构实行奖补的意见》（冀民〔2015〕21 号）等。但 2014 年通过对 6 家农村民营养老院优惠扶持政策方面的实地调研发现，一是大多反映审批环节（包括消防）较繁琐费时。二是各养老院享受到的具体优惠政策并不统一，并且优惠项目数量并不多，只有水电费享受居民价格、免费人员培训等少数几个共同项目，有的有床位补贴但不能到位，有的享受到场地租金优惠，有的享受到固定电话费优惠，在资金方面都面临较大压力。这就导致民营养老机构容易陷入资金匮乏、设施简陋、入住率不高、无利可图的恶性循环。

（2）养老设施供给与利用率有待提升

随着失能、高龄、“三无”和“空巢”老年人群体越来越庞大、“421”小型家庭结构日益普遍，以及老年抚养比的逐年提高，老人们越来越需求全面的、专业的、多层次的养老服务。但目前河北省大多数养老机构还不能有效满足这些需求，存在养老设施供给不足、服务质量不高等现象，导致入住率不甚理想。具体原因主要有如下几点。

一是有的养老机构养老设施供给不足。一些养老院破败不堪，设施简陋，环境闭塞单调，医养结合没有全面覆盖，老人最迫切、最重要的现实需求难以满足。据 2014 年调查，有 63.70% 的人认为养老院的服务质量差，因此不愿入住普通民办养老院；另有 78.52% 的人认为养老院的收费高低和服务质量呈正比，因此选择性价比适中的养老院很难。

二是服务对象错位。如，公办养老机构本应以收住无劳动能力、无生活来源、无赡养人和扶养人或者其赡养人和扶养人确无赡养和扶养能力的老年人，应当以收住失能半失能老年人为主，优先安排经济困难的失能半失能、孤寡、高龄老年人。但实践中，由于供养标准补贴的限制，政府办养老机构在运营运转上入不敷出、包袱沉重，只能有条件地供养能够自理的保障对象，真正需要政府保障的、生活不能自理的“五保”老人却不能入住机构养老，在多数地方被拒之门外，原因是照料困难、费用高。如，以某县级农村“五保”供养机构为例，该县有“五保”老人 704 名，“五保”供养机构拥有床位 620 张，建成 3 年来，仅收住生活自理“五保”老人 230 人，床位空置率为 63%；该单位为 6 人全额事业编制，聘用服务人员 32 人，每年人员工资总支出近 90 万元、日常水电暖和维修养护支出近 100 万元，而每个“五保”老人政府供养标准仅为 5000 元 / 年，为维持机构的正常运转，供养机构每年都需要政府支持 75 万元左右。[1]

三是医保报销问题。有的养老机构虽然实行了医养结合，养老院和医疗机构融合为一，但没有将养老科室里发生的医疗费用归入新农合或城镇职工基本医疗报销定点范围。所以，有的老人认为看病买药还是得往医院跑，而这也会影响老人的养老机构入住意愿。

四是养老院收费问题。养老服务质量较高的养老机构往往收费也偏高，一般在 2000 元以上，如果针对失能半失能老人则收费更高。而河北省 2016 年退休人员养老金平均为 2232 元 / 月，而且年龄越高的老人，失能风险越高，而养老金相对水平却较低，这就容易造成高龄失能半失能老人住不起养老院的困境。

（3）护理人员队伍规模有待扩充，素质有待提高

据河北省民政厅统计显示，河北省各类养老机构拥有床位近 20 万张，但养老护理员只有 1.2 万余人，这样，平均一个护理员要照顾 16 名老人；截至 2015 年，河北省 60 岁以上老年人口已达 1212 万人。其中，应该由专业护理员照顾的失能、半失能老年人就有 134 万人。[2] 另外，2014 年全国社会工作师和助理社会工作师累计合格 158 942 人，其中北京市 17 963 人，天津市 3370 人，河北省只有 2951 人。[3] 养老护理人员数量上的极度匮乏由此可见一斑。另据统计，截至 2013 年年底，河北省养老机构护理人员中文盲的人员比例为 30.94%，小学学历的人员比例为 37.06%，初中及以上学历的人员比例为 31.99%；而且护理人员中临时工性质的比例为 44.93%，合同工性质的比例为 53.67%，有编制的护理人员仅占 1.4%。[4] 在工资收入上，河北省内养老服务从业人员平均月薪在 3000 元左右。可见，养老护理人员整体在学历、工资收入、工作稳定上

[1] 高德海．创新养老服务政策推动养老服务业加快发展 [EB/OL]．河北省老龄工作委员会办公室网．[2015-09-16]．http：//www.hebllw.org.cn/html/news/detail_2015_09/16/88.html.

[2] 张娜．养老院里，谁来照顾“咱爸咱妈”？ [N]．河北日报，2016-11-30.

[3] 河北省老龄工作委员会办公室．河北老龄事业发展综述 [EB/OL]．河北省老龄工作委员会办公室网．[2015-09-09]．http：//www.hebllw.org.cn/html/news/detail_2015_09/09/45.html.

[4] 郜宇红．河北省养老服务体系建设问题研究 [D]．株洲：中南林业科技大学，2014：17.

相较于一般职业都稍逊一筹，以致调研中某位机构负责人这样概括道："年轻的不愿干，岁数大的家里事情多，劳动强度大，难招人。"

(4) 相关配套政策有待出台落实

首先，2008 年，上海率先启动养老机构综合责任保险；随后的 2013 年，国务院 35 号文件《国务院关于加快发展养老服务业的若干意见》出台。截至 2016 年 8 月，全国总投保床位约为总养老床位（约 680 万张）的 10%，2020 年养老机构综合责任险或成养老机构必备险种。2014 年，河北省公布《河北省养老机构综合责任保险项目选聘保险公司公开招标公告》；2015 年，唐山市民政局和财政局联合下发通知，在全市首次推行养老机构责任保险，但目前全省范围的实施情况还有待调研分析，相关参保缴费及补贴政策还有待探索。

其次，随着越来越多养老机构的建立，对于养老机构押金等预收款项的监管问题，还有待明确和加强。

最后，在京津冀养老服务协同发展的过程中，关于如何承接京津部分养老服务功能，以及如何克服相关制约因素，还需要出台相关配套规定。

4. 对河北省机构养老服务建设的建议

(1) 重点推进民营养老机构的发展

一些民办养老机构由于资金短缺、配套服务设施不足、地点偏远等因素，导致老年人不愿入住而遭遇发展瓶颈。为改善这一现状，政府应制定优惠政策，加大推进民办养老机构的发展。具体政策措施包括：一是推行土地优待政策，政府在规划土地时要预留养老机构的公益用地，养老机构用地时要根据不同情况给予划拨或优惠出售。二是推行费用优惠政策，减免养老机构的建设配套费、规划费，切实落实养老机构的水、电、气、通信等一系列税费优惠。三是推行服务补贴政策，民政、财政、卫生等部门要根据养老机构类型和具体情况，加大相应的经济补贴力度，如贷款贴息、床位补贴力度等，简化养老机构享受补贴所需的手续，使补贴能够真正为养老机构所用；逐步打破民办非营利性养老机构不能进行利润分配的政策限制，准以投资民办非营利养老机构在符合市场

运营规范、接受市场监管的前提下获得与投资其他行业对等的利益。❶

同时，非营利组织也在为老年人提供社会养老服务的过程中发挥了不容小觑的作用。一些非营利组织不但为民办养老机构给予了资金支持，而且常常组织志愿者投入养老服务中去，如医护人员定期的上门义诊、访问，为社区老年人提供免费药品等。因此，政府同样应重视非营利组织的作用，对它们可以实行一些税收优惠、经济补贴等政策，保持这些非营利组织的积极性，不断推进非营利组织的发展。

另外，即使是公办养老机构也要引入市场竞争机制，实行公办民营、公建民营、合资合作等，增强发展活力和可持续性。

（2）多途径提高养老机构的服务质量

首先，继续大力推进医养结合建设，满足老年人最迫切的医疗保健需要。以石家庄、邯郸、邢台、保定等国家级医养结合试点建设为契机，以典型带动全局，因地制宜，以不同形式加快实现养老机构医养结合的全面覆盖。同时，在医疗保险经办服务中，将医养结合机构按照一定标准逐步纳入而成为医保定点机构。

其次，在一般建设和服务规范上，严格按照国家《敬老院设施建设指导意见（试行）》《老年养护院建设标准》（建标 144—2010）及河北省《养老机构日常照护规范》要求，从基本硬件设施建设和软性人员照护等方面进行对标审批和检查。按照《河北省养老服务机构星级评定标准（试行）》对养老机构完成星级评定，并建立动态评定机制，在达标基础上，构建服务质量基本规范和综合评价指标体系，进而用以指导和激励养老机构服务质量不断提升。

再次，注重养老机构信息化、智能化建设。将社区和居家养老服务中的呼叫系统延伸至机构养老，并建成以网络为支撑的机构信息平台，实现机构养老服务与社区和居家养老服务的有效衔接，提高服务的效率和管理水平。

最后，在近期，应按照国家《关于应用全国养老机构业务管理系统加强养老机构发展监测的通知》（民函〔2017〕56 号）要求，将河北省全省有关养老机构基本信息、机构内部管理信息、机构服务质量信息、机构安全管理信息、

❶ 高德海．创新养老服务政策推动养老服务业加快发展 [EB/OL]．河北省老龄工作委员会办公室网．[2015-09-16]．http：//www.hebllw.org.cn/html/news/detail_2015_09/16/88.html.

入住对象信息、机构从业人员信息、机构房屋信息等一系列信息录入全国养老机构业务管理系统，以达到实时摸清家底、了解现状、动态建设、为后续服务质量提升打好基础的目的。

（3）推进农村公办养老机构向区域性服务中心发展

首先，合理界定公办养老机构与民营养老机构（包括公办民营养老机构）的发展定位。公办养老机构应坚持其公益性和服务性原则，坚持低收费甚至不收费，接纳对象主要应以五保户、低保户、特困户、大病救助对象、高龄老人、优抚对象等养老服务需求强烈但支付能力薄弱且为失能半失能的人员为主。民营养老机构应在公益性的基础上追求营利性，主要接纳有一定养老需求支付能力的老人。

其次，在明确定位的基础上，可考虑将农村公办养老机构作为“五院合一”的建设基础，向区域性服务中心转型，以承载更多的功能和作用，实现集约化、规模化发展。该服务中心可以负责本区域的困难老人数量统计、相关救助福利法律政策宣传、日间照料服务、组织区域性老人文娱活动、协助联系区域性老人保健查体、组织护理培训并提供相关场所、志愿者农村志愿服务建设基地、建立示范服务中心等。

（4）加快养老服务人员培养，提高从业人员待遇和地位

一是要提高政府对养老服务培训的重视程度，充分发挥人社部的指导作用，明确培训的主管部门、培训主体、审批主体、发证部门等内容，使养老护理人员的培训尽快走上规范化的正轨。

二是要制定详细的培训规划与培训内容，对养老服务从业人员进行系统性的培训，使养老服务人员取得职业技能资格，提高他们的服务意识和服务水平。为保证养老服务从业人员的稳定性，可适当提高他们的薪资待遇并签署培训及服务协议。同时，教育部门还可以推动在高校内开设养老服务专业，培育较高层次的养老服务管理和技术人才。

三是提高养老服务从业人员的薪资待遇和地位，使其从业人员享有正规就业者的职业地位，而且其工资水平应当较所在地区的平均工资水平更有竞争力一些，并享有法律规定的一切其他福利。只有这样，才能够努力吸引并保留更多、更优秀的从业人员。

第六章　保障性住房养老服务体系建设

一、保障性住房研究概述

1. 保障性住房概述

社会保障性住房是我国城镇住宅建设中较具特殊性的一种住宅类型，它通常是指根据国家政策及法律法规的规定，由政府统一规划、统筹，提供给特定的人群使用，并且对该类住房的建造标准和销售价格或租金标准给予限定，起社会保障作用的住房。目前在我国，保障性住房主要包括经济适用房、廉租房、公共租赁房、定向安置房、两限商品房等。根据1999年出台的《城镇廉租住房管理办法》、2007年修订后的《经济适用住房管理办法》、2010年颁布的《关于加快发展公共租赁住房的指导意见》等文件规定，保障性住房的保障对象主要应是城市中等偏下或最低收入住房困难家庭。

保障性住房社区居民以中低收入人群为主，其购买社会养老服务能力弱，而且大部分保障性住房大多远离市区，配套设施较为短缺。除了《关于加强养老服务设施规划建设工作的通知》（建标〔2014〕23号）规定“凡新建城区和新建居住（小）区，须按人均用地不小于0.1平方米的标准，配套建设养老服务设施，并与住宅同步规划、同步建设”，以及《社区老年人日间照料中心建

表6.1 我国保障性住房的主要类型及保障对象

类型	定义	保障对象	运营模式	户型和建筑面积
廉租房	政府以租金补贴或实物配租的方式，向城镇低收入家庭居民提供租金相对低廉的保障性住房	城镇低收入住房困难家庭	只租不售，政府出资建好后以低租金分配给住房困难户或政府发放租金补贴给住房困难户，由他们租赁社会房屋居住	一居室建筑面积 35 平方米，两居室建筑面积 45 平方米，三居室建筑面积 55 平方米
经济适用住房	政府以划拨方式提供土地，并组织房企或集资建房单位建造，政府提供政策优惠，限定套型建筑面积标准，按标准建设的保障性住房	城镇低收入住房困难家庭	以政府指导价出售	小套住房面积为 60 平方米左右，中套住房面积控制在 80 平方米左右
公共租赁房	政府提供财政投入和政策支持，限定套型建筑面积标准，按标准建设或通过长期租赁等方式筹集，按当地政府规定的供应标准供应的保障性住房	城镇中等偏下收入住房困难家庭、新就业职工、有稳定职业并在城镇居住一定年限的外来务工人员	政府确定租金，并按年度实行动态调整；产权归政府或公共机构所有	小户型为主，单套建筑面积以 40 平方米为主
棚户区改造安置房	一类是城市棚户区（危旧房、筒子楼）改造，另一类是“非城非乡”的煤矿、林区、垦区的棚户区改造	城市中低收入家庭	实行政府补助、企业投资和个人出资相结合	
限价商品房	政府控制土地出让价格，限定销售价格和套型面积的商品住房	具有住房支付能力的中等收入家庭	以房价定低价，采用政府组织监管、市场化运作模式	套型建筑面积全部为 90 平方米以下

资料来源：张占斌，李万峰，费友海，等．中国城镇保障性住房建设研究 [M]．北京：国家行政学院出版社，2013：39-40.

设标准》（建标 143—2010）等适用于所有类型社区的规定外，鲜有将养老服务问题单独明确融入保障性住房前导规划设计及后续管理建设中考虑。如何在保障性住房社区构建完善的养老服务体系，帮助社区老人安享晚年，则变成一个值得思考和研究的重要问题。

2. 相关研究概述

（1）国内研究

关于保障性住房，郭士征（2010）、陈琳（2010）、王克群（2011）、王启富（2011）、宋伟轩（2011）、李允（2012）、巴曙松（2012）、林梅（2012）、高举（2012）、程大涛（2013）、张占斌（2013）、曹伊清（2013）、何元斌（2014）等众多专家学者对全国保障性住房建设及存在的问题进行了梳理研究，并提出了相关对策建议；另外，郭俊胜（2007）对厦门市、周素红（2010）对广州市、高业铭（2012）对长春市、高波（2012）对岳阳市等各地保障性住房建设规划及管理进行了具体探讨；师武军、翟坤（2013），陈喆、赵嘉柯（2014）等对我国保障性住房的规划设计进行了相关研究。以上研究主要侧重于住房保障模式、保障水平、供需绩效、资格审查、筹资问题、常规建筑设计等方面的研究，鲜有涉及养老服务方面的。

仅有少数学者将养老服务问题融入保障性住房的前导规划和后续适老化改造中进行了探讨。如，潘彤（2012）探讨了将养老社区建设纳入政府保障性住房建设体系的必要性。魏继谦（2012）以保障性住房为载体，通过分析我国养老现状，探讨了将保障性住房建设与适老化措施相结合的概念和措施，阐述了保障性住房加强居家养老服务设施建设的必要性，然后从选址、小区规划、户型设计、环境设计、物业管理、政策层面等方面进行了具体阐述。严荣（2013）认为养老和住房保障都属于公共服务范畴，基于对一些案例的调研，可以探索将部分保障性住房转化为养老用房，在运营上以出租为主，并要考虑合理的规划布局。肖聚贤（2013）则专门对老年人居住建筑适老化设计进行了具体研究。王方兵（2014）介绍了国外老年人住宅在政策引导下从居住、护理等角度进行设计，满足老年人居家养老需求的经验，重点分析了美国、日本等国家老年住宅在政策变化、住宅特征与老年人居住模式、护理需求等方面的结合，以及保障性住房的适老性导向等对上海的启示，并从政策引导、保障房建设和旧住房改造的适老性几个方面提出了建议。何微丹（2014）对国内外保障性住房建设的发展历程进行了全面分析和比较研究。谭建（2015）以四川地区人口老龄化问题引发的居住建筑适配性需求为背景，通过对既有住宅建筑内部户型改造与设施的完善等改造技术的研究，探索了适合四川地区既有住宅建筑户内空间适老化功能提升与完善的综合改造策略。章鸿雁（2016）认为目前绝大多数老年人所居住宅是按照中青年健康人群需要设计建造的，未考虑老年人的生理功能和生活起居的特别要求，老年人所居住宅的适老化改造引起了社会的广泛关注，并针对特大城市老城区住宅适老化改造的难点提出几点对策，以推动“老年宜居房”建设，帮助更多的老年人享有安全、便利和舒适的居住环境。

（2）国外研究

国外学者分别就政府职能、空间布局、住房支付能力及相关政策等方面进行了研究。如，Donnison（1967），lund（2006）等认为，国家应对住房市场进行干预和调节，以利于社会资源的分配效率和改进社会福利。Kain（1968）认为，就业地点郊区化和普遍存在的居住隔离是造成内城工作技能不足的居民失业率较高、收入较低、出行时间及成本较高的主要原因；Ostendorf，Musterd（2001）等认为混居可提高社区声誉，减少暴力和反社会行为，提高公共住房质量和一般物质环境。Johnson（2006）指出存在城市低收入家庭和就业点的空间失配，公共住房集中建设且远离城市基础设施和快速交通线而失去了更多的经济机遇。但Musterd，Anderson（2005）通过对英国城市的调研认为，混居可能产生冲突，多数人并不乐意接受混居模式，混居模式可能并不是稳定的。Bramley，Karley（2005）认为剩余收入法可以更准确地判断低收入家庭的住房问题，从而使得住房保障政策更加有效。

综上所述，关于保障性住房养老服务的特殊性，少数学者已经进行了讨论，并就相关问题进行了探索，但整体而言，相关研究仍偏少，在保障性住房的供给侧还没有引起足够重视。

3. 保障性住房建设的发展历程

保障性住房是伴随我国住房商品化制度改革为解决中低收入住房困难群体的住房问题而产生的。其发展过程可分为起步、建设缺位、建设回归、建设力度加大等四个阶段[1]，各个阶段的主要特点及相关政策文件如表 6.2 所示。

经过多年的发展，到 2015 年，我国保障性住房共约有 5453 万套，按我国户均人口 2.98 人计算，保障性住房共涉及 16 249.94 万人口。

对于京津冀地区，保障性住房建设也取得了较好成绩。

北京市在国家相关政策的指导下，出台了《北京市经济适用住房管理办法（试行）》《北京市城市廉租住房管理办法》《北京市限价商品住房管理办法（试行）》（京政发〔2008〕8 号）和《关于城市低收入住房困难家庭申请廉租住房有关问题的通知》（京建住〔2009〕96 号）、《关于廉租住房实物配租管理若干问题的通知》、《关于进一步加强我市廉租住房建设和管理的若干意见》（京保住〔2010〕36 号）、《关于加快推进本市保障性住房项目开工建设的通知》（京建法〔2011〕7 号）、《关于进一步完善我市保障性住房申请、审核、分配政策有关问题的通知》（京建法〔2013〕5 号）、《关于规范已购限价商品住房和经济适用住房等保障性住房管理工作的通知》（京建法〔2013〕10 号）、《关于北京市公共租赁住房调换及调整试点工作的通知》（京建发〔2014〕453 号）、《关于面向新就业无房职工开展公租房配租试点公告》等一系列政策文件。据统计，2016 年北京市保障性住房投资 936.2 亿元，增长 13.6%。[2]

天津市自 2008 年以来出台了一系列关于保障性住房的政策规定，即《天津市廉租住房管理办法》（津政发〔2008〕38 号）、《天津市限价商品住房管理暂行办法》（津政发〔2008〕39 号）、《天津市经济适用住房管理办法》（津政发〔2008〕40 号）、《天津市经济租赁房管理办法》（津政发〔2008〕41 号）、《天津市经济租赁房租房补贴管理规定》（津政发〔2011〕8 号）、《天津市公共租赁

[1] 何微丹，刘玉亭．国内外城市保障性住房及其住区建设特征对比［J］．规划师，2014（12）：8-9.
[2] 佚名．2016 年北京市保障性住房投资增长 13.6%[N]．法制晚报（北京）．2017-01-22.

表6.2　保障性住房建设发展历程

阶段	时期	主要特点	主要政策文件	政策主要内容
福利分房阶段	1949—1988 年	每个单位将住宅和完善的生活配套设施安排在单位大院内，形成“单位制”居住单元		
保障房建设起步（个人/单位集资房建设）	1988—1997 年	我国的住房制度改革正式开始，保障房制度正式确立，政府和单位开始建设与供应经适房，经适房的建设形式主要为单位/个人集资建房	《在全国城镇分期分批推行住房制度改革实施方案的通知》(国发〔1988〕11 号)	要实现住房商品化，同时倡导集资建房，组织建房合作社
			《国务院关于深化城镇住房制度改革的决定》(国发〔1994〕43 号)	要建立以中低收入家庭为对象、具有社会保障性质的经济适用住房（以下简称经适房）供应体系和以高收入家庭为对象的商品房供应体系
			《国家安居工程实施方案》(1995 年 1 月 20 日国务院住房制度改革领导小组发布)	以成本价向中低收入家庭出售并优先出售给无房户、危房户和住房困难户，在同等条件下优先出售给离退休职工、教师中的住房困难户
保障房建设缺位（经适房和廉租房建设）	1998—2005 年	在住房保障制度确立之后，全国各地开始大规模建设经适房和廉租房，到 2003—2005 年，各地的经适房建设几乎停滞	《国务院关于进一步深化城镇住房制度改革加快住房建设的通知》(国发〔1998〕23 号)	对不同收入家庭实行不同的住房供应政策最低收入家庭租赁由政府或单位提供的廉租住房；中低收入家庭购买经济适用住房；其他收入高的家庭购买、租赁市场价商品住房。重点发展经济适用住房（安居工程）
			《国务院关于促进房地产市场持续健康发展的通知》(国发〔2003〕18 号)	确立了以房地产为国民经济的支柱产业，使普通商品房成为市场的供应主体，经适房由“住房供应主体”转变为“具有保障性质的政策性商品住房”，要求建立和完善廉租住房制度

续表

阶段	时期	主要特点	主要政策文件	政策主要内容
保障房建设回归（住房补贴和廉租房建设）	2006—2009 年	以廉租房为重点、多渠道解决城市低收入家庭住房困难的保障房政策重新回归房地产政策中；特别是 2007 年保障房建设资金由地方政府申请专项补贴向国家专项资金支持转变后，保障房建设呈现大幅度的飞跃式发展	《国务院办公厅转发建设部等部门关于调整住房供应结构稳定住房价格意见的通知》（国办发〔2006〕37 号）	重点发展中低价位、中小套型普通商品住房、经济适用住房和廉租住房
			《国务院关于解决城市低收入家庭住房困难的若干意见》（国发〔2007〕24 号）	廉租房、经适房和中低价位、中小套型普通商品房建设用地的年度供应量不得低于居住用地供应总量的 70%；进一步建立健全城市廉租住房制度，改进和规范经济适用住房制度，逐步改善其他住房困难群体的居住条件
			《国务院办公厅关于促进房地产市场健康发展的若干意见》（国办发〔2008〕131 号）	加大保障性住房建设力度，争取用 3 年时间基本解决城市低收入住房困难家庭住房及棚户区改造问题；多渠道筹集建设资金
保障房建设力度加大（公租房建设）	2010—现今	保障房的建设目标和任务得以明确，国家加大对地方的政策倾斜和资金投入；公租房成为保障房建设重点，保障对象以城市“夹心层”（如新就业大学生、白领和外来打工者等）为重点，保障形式以实物配租、租金补贴和租金核减等多元化形式为主	《国务院办公厅关于促进房地产市场平稳健康发展的通知》（国办发〔2010〕4 号）	力争到 2012 年年末，基本解决 1540 万户低收入住房困难家庭的住房问题；要加快建设限价商品住房、公共租赁住房，解决中等偏下收入家庭的住房困难
			《关于坚决遏制部分城市房价过快上涨的通知》（国发〔2010〕10 号）	要加快保障性安居工程建设
			《国务院关于保障性安居工程建设和管理的指导意见》	大力推进以公共租赁住房为重点的保障性安居工程建设

住房管理办法（试行）》（津政发〔2011〕12 号）、《天津市基本住房保障管理办法》（津政令〔2012〕54 号）、《天津市人民政府关于进一步明确住房保障管理有关问题的通知》（津政发〔2013〕16 号）。这些政策规定规范并在一定程度上促进了天津市保障性住房的健康发展。截至 2014 年年底，全市累计开工建设保障性住房 81 万套，向 11.5 万户中低收入住房困难家庭提供租房补贴，向 8.9 万个家庭发放限价房购买资格证明，向 2 万多户家庭配租公租房。2015 年，天津市计划开工建设保障性住房 3 万套，建成保障性住房 7.5 万套，并将进一步扩大住房保障受益范围，从 3 月起放宽廉租住房租房补贴和经济租赁房租房补贴收入准入条件，新增租房补贴家庭 1 万户。❶截至“十二五”末，全市累计建设保障性住房 74 万套，发放租房补贴 12.5 万户，住房保障覆盖率超过 30%。❷

河北省近年出台了一系列文件，如《河北省城镇住房保障办法（试行）》（省政府令〔2011〕6 号）、《河北省国有土地上房屋征收与补偿实施办法》（省政府令〔2012〕2 号）等省政府规章。此外，还有一系列规范性文件加以支持，如《关于加快全省保障性安居工程建设的意见》（冀政〔2009〕114 号）、《河北省人民政府关于加快保障性安居工程建设的实施意见》（冀政〔2011〕28 号）、《关于印发河北省公共租赁住房管理办法的通知》（冀政〔2011〕68 号）等主要政策文件。这些政策在一定程度上有助于保障房的良性发展，扩大了保障房社区的覆盖面。“十二五”期间，河北省共建设保障性安居工程 129.6 万套，其中保障性住房 60.1 万套、各类棚户区改造 69.5 万套，住房保障覆盖面已达到 20%。❸

❶ 佚名．天津市住房保障受益范围“扩面”，3 月起放宽收入准入条件 [N]．天津日报，2015-02-18.

❷ 陈璠，李家宇，贾云娇．天津累计建设保障性住房 74 万套，发放租房补贴 12.5 万户 [EB/OL]．[2015-12-07] 天津网．http：//www.tianjinwe.com/tianjin/ms/qjtj/201512/t20151207_926902.html.

❸ 河北省住房和城乡建设厅．我省保障性安居工程任务提前完成 [EB/OL]．新华网．[2015-11-23]http：//www.hebjs.gov.cn/zhuantizhuanlan/zhuanti/JuJiao/zfbz_zhlan/zxdt/201511/t20151120_217402.html.

二、保障性住房社会养老服务体系建设现状及问题[❶]

面对日益严重的人口老龄化问题，京津冀三地均加大了对社会养老服务体系的建设力度，但是通过对京津冀三地保障性住房社区进行走访调研发现，保障性住房社区建筑年代较新，社区环境整体整洁有序，个别社区在社区建设及养老服务方面比较齐全，但整体而言，该类社区养老服务体系普遍滞后，老人养老问题尚未得到有效解决。

1. 少量社区养老服务较齐全，居民满意度高

调研中发现，一般作为样板工程建设的保障性住房社区，在各项服务设施的建设上都较为齐全，社区地理位置接近市区，建有面积较大的休闲娱乐公共活动场地和空间，整体规模较大，社区绿化率高，道路畅通，虽然适老化建筑细节还有所疏漏，但社区医院、社区餐厅、社区养老院或社区日间照料中心都有相应空间和设施，并且干净整洁，管理规范有序，而且社区志愿者人员充足，生活其中的老人精神矍铄，户外活动充实，晚年生活质量高，对生活环境和社区服务满意度很高。这些保障性住房社区若在适老化细节上更加完善，确实应该成为将来保障性住房建设的样本。

2. 社区养老服务设施欠缺，缺乏适老型建设

由于建设资金有限，当前大部分保障性住房社区内存在社区养老服务设施不齐全的问题，本应规划配建的养老服务设施，如社区老年服务中心、老年照看中心、日间照料中心、老年康乐中心等，却常常滞后于住房建设，规划预留用地不足、规划用地挪为他用和服务设施仅停留在图纸上等情况时常发生。[❷]以天津市 Q 家园为例，该小区住房主要是公租房，人口大多是老年人和残疾人，

❶ 韦平美，王小春．天津保障房社区养老服务体系建设研究［J］．中国国情国力，2016（9）:46-47.

❷ 刘奕辰．我国保障性住房基本公共服务问题研究［D］．青岛：中国海洋大学，2013：38.

但据走访得知，该小区为老为残服务设施较少，医疗服务设施只有一家卫生服务站，而且其服务质量和水平不能满足社区老人的医疗需求；此外，该社区缺乏室内老年娱乐活动中心和公共厕所等服务设施，电梯等公共设施质量较差，社区无障碍化建设不足，以上这些均不利于老年人顺利度过人生的最后一个阶段。

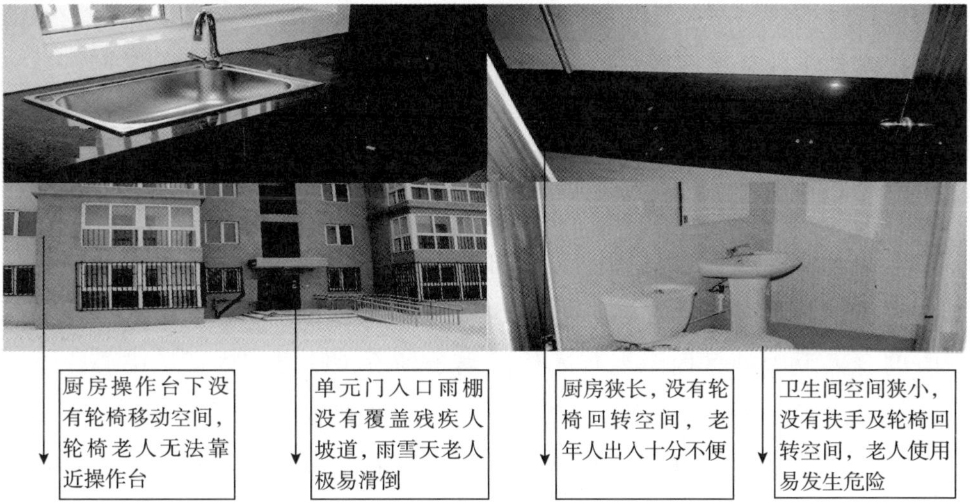

图6.1　保障性住房社区室内外现存问题

3. 医疗设施不足，与大型医院空间背离

保障性住房社区多数位于市区边缘地带，地理位置较偏僻，交通相对不便，公交路线较少；而综合性和专业性医院等大型医疗机构通常位于区位优势明显、交通便利的城市中心地区。因此，保障性住房与医疗机构之间存在较明显的空间背离关系。由于保障性住房内多为小型社区卫生服务中心，甚至无医疗机构，很多居民不得不到远离居住区的市中心看病就医，保障性住房与医疗机构之间的空间背离关系既导致中低收入社区老人看病难，也无形中增加了他们的治疗成本，从而降低了其整体生活质量。[1] 据调查，22% 的老年人对社区医疗状况不

[1] 刘奕辰．我国保障性住房基本公共服务问题研究 [D]．青岛：中国海洋大学，2013：37-38.

满意，而且有大概 40% 的老人看病吃药的频率较高，对医疗服务的需求较高，而社区卫生服务站很少，有的社区几乎没有，其医疗服务人员数量和服务质量远远不能满足保障性住房社区老人的看病需求。

4. 社区公共空间不足，缺乏室内活动空间

扩大社区公共空间面积，推动社区各群体、各阶层走向公共空间，这能够增加社区群体的交往互动，有利于促进保障性住房社区的和谐建设。目前保障性住房一般楼层较高，大多为一室一厅或两室一厅，面积在 50 ~ 80 平方米左右，社区内除了建筑用房和道路用地，大多只有一小块露天健身场所，而老年人为消除孤独感，大多愿意出门散步，与其他老人聊天，但社区内几乎没有专门为老人设计的活动场所，也没有老人室内休闲娱乐中心。调研中，39% 的老人反映社区内无老年人休闲娱乐场所，缺乏室内活动中心，不利于其放松心情、安享晚年。在老人活动空间本就狭小的情况下，社区内还存在停车位挤占休闲场所的现象，以致社区老年人对休闲娱乐的需求难以得到满足。

5. 社区养老服务宣传不足，社会资本未得到充分利用

社会资本存在于人际交往之中，主要是指人与人之间的联系，以及他们之间的信任感，一个社区的社会资本丰富，则代表居民之间交流互动较多，该社区具有较强的凝聚力。作为一种无形资产，社区社会资本能够在一定程度上缓解家庭成员的养老压力，有利于提升老人的生活满意度。目前，保障性住房社区中社会资本并不丰富，有大概 75% 的老人在生活中与邻居基本没有接触过或者得到的帮助较少，社区缺乏互帮互助的文化氛围。此外，社区养老服务在保障性住房社区内的宣传力度不够，有 80% 的老人对其基本不了解，这会降低社区老人对其的服务需求，不利于社区养老服务的发展与完善。

表6.3　邻居、熟人提供生活帮助情况

	人数 / 人	比例 /%
经常热心帮助	5	5
在急需时会提供帮助	21	20
得到的帮助较少	31	30
与邻居基本没有接触	46	45
合　计	103	100

资料来源：实地调研。

6. 社区养老机构缺乏，服务人员不足

首先，养老机构缺乏，社会信誉有待提高。专门的养老机构是保障性住房社区养老服务体系的重要组成部分。但调研发现，大部分保障性住房社区内或社区周边无专门的养老机构，甚至家政服务机构都很少。由此可见，养老机构尤其是收费较低廉的养老机构和保障性住房社区空间分布有待优化配置。此外，社区老年人对养老院的卫生状况、生活条件及服务质量非常不信任，当问及是否愿意到养老院养老时，2/3 的老人回答的是“不愿意”，由此可见，养老机构服务水平和质量亟须提高，社会形象有待改善。

其次，保障性住房社区养老服务人员专业水平低，人手不够，志愿者队伍不足。社区养老服务人员的服务水平和服务态度直接关系到老年人的切身生活，对提升老年人的幸福感起到重要作用。目前，保障性住房社区的养老服务人员严重不足，甚至为零，为老人服务的志愿者较少，在社区内几乎看不见大学生志愿者或其他社会志愿者队伍。以 S 社区为例，该社区无专门养老服务人员，只有社区服务中心会不定期帮助社区困难老人；此外，该社区仅有老年人自发组织形成的志愿者队伍，大概有三四十人，主要工作是社区巡逻和打扫社区卫生。

综上可知，保障性住房社区养老服务体系建设滞后于一般住房社区养老服务体系建设。保障性住房社区的养老服务机构和设施数量整体较匮乏，与医疗机构存在空间背离，老年娱乐休闲场所狭窄，缺乏托老所等养老服务机构。由

此可见，保障性住房社区养老服务的供给缺口较大，社区老人的医疗、娱乐、健身等需求远远不能得到满足，因此，保障性住房社区养老服务体系建设需要得到足够重视。

三、对保障性住房社会养老服务体系建设的建议❶

建立健全保障性住房社区养老服务体系，不仅要对保障性住房进行适老化规划设计，还应在保证养老服务供需平衡、明确政府职责、构建人才资金体系等方面完善其养老服务体系，从而促进保障性住房社区建设与养老服务相结合，构建住房保障与养老保障于一体的综合社区。

1. 明确政府职责，为保障性住房养老服务提供制度保障

在保障性住房社区养老服务体系的构建中，政府应发挥主导作用，重视保障性住房社区养老服务体系建设，给予政策、资金和人才等支持，在宏观上安排保障性住房社区养老服务供给，在微观上对养老服务提供机构的服务质量进行监督，规范养老服务市场。政府应主要从以下两大方面完善保障性住房社区养老服务体系建设。

(1) 给予政策文件支持

第一，适当提高保障性住房社区养老服务设施预留面积。首先，由于保障性住房社区居民收入低，残疾人比例高，养老服务需求集中，应预留相较于普通社区更多的养老服务设施空间。因此，在保障性住房规划设计阶段，应在《关于加强养老服务设施规划建设工作的通知》（建标〔2014〕23 号）规定的“凡新建城区和新建居住（小）区，须按人均用地不小于 0.1 平方米的标准，配套建设养老服务设施”的基础上，适度提高保障性住房社区养老服务设施预留面积。如，《北京市养老服务设施专项规划（2015—2020 年）》规定“至

❶ 韦平美，王小春．天津保障房社区养老服务体系建设研究 [J]．中国国情国力，2016（9）：47-48.

2020 年，全市人均养老设施用地约 0.25 平方米”，可以考虑将这一标准也应用于津冀两地的保障性住房社区规划建设之中。其次，由于保障性住房社区困难老人多，对公立养老机构的需求较多，因此，在保障性住房规划设计时，可规划建设一定比例的养老住房，以后与公立养老院进行合作，解决困难老人的养老问题。

第二，优先安排保障性住房适老化改造。鉴于目前保障性住房社区养老服务设施匮乏，养老服务体系建设滞后，以及老人残疾人比例高、养老服务需求较多的现实情况，在对老旧社区进行适老化改造时，应优先安排保障性住房社区的适老化改造。

第三，健全政府购买养老服务机制，厘清政府与市场的关系。由于保障性住房社区居住的大多是中低收入群体，其自身购买养老服务的能力较弱，因此，政府应加大对该类社区养老服务体系的支持力度，通过政府购买养老服务的方式，帮助社区老人安享晚年。如，天津市对困难老年人建立了居家养老护理补贴制度，通过政府购买服务减轻困难老人的养老压力。另外，在购买养老服务时，政府要厘清其与市场的关系，做好“收”与“放”。从“收”的角度来看，对于一些不适合社会和市场提供的养老服务，必须由政府直接负责提供，而不能“一买了之”，比如特困老年人的养老服务应由政府有关部门主管；从“放”的角度来看，政府应加快培育市场主体，降低养老服务机构的设立门槛，激发市场活力，使得市场机制在养老服务资源配置中起到决定性作用，比如引导民营企业开办社区养老院、医疗服务站、社区配餐中心等。

第四，引入第三方监督机制，规范养老服务主体行为。所谓第三方监督机制，是指在基层政府与保障性住房社区内老年人的二维互动模式中引入无利益关联的第三方，其职能是监督评估保障性住房社区养老服务机构的服务质量，反馈老年人的意见、建议和利益要求。作为独立于政府之外的“局外人”，第三方主要由社会学学者或专家组成，人员构成采用动态调整方式，以保证监督的公正公平。第三方监督机制不仅能够提高监督的效果和效率，还有利于基层政府和社区老人的良性沟通，促进保障性住房社区养老服务体系

的完善。❶

（2）健全养老服务体系的组成要素

第一，健全医疗服务设施，加强社区养老服务宣传。据调研，社区老人认为医疗保健是最急需的服务，这与老人群体的年纪、身体状况密切相关，社区开展居家养老服务应把完善老人的医疗保健服务作为首要任务。为满足保障性住房社区居民对医疗服务的迫切需要，解决保障性住房社区与医疗机构空间背离的问题，政府一方面可通过给予优惠政策，鼓励大型医疗机构在保障性住房周边或社区内兴建分支机构，满足社区老人的医疗需求；另一方面应将保障性住房分散建设在大型医院周边，避免过度集中导致的老人就医不便、社会隔离等社会问题。此外，鉴于已建成的保障性住房多分布在郊区、交通不便等问题，政府应督促交通管理部门完善公共交通体系，尽快增加公交线路，修建地铁，以满足中低收入人群对交通的需求。最后，为增加社区老人对社区养老服务的了解程度，保障性住房社区居委会可通过张贴字报、印刷宣传册等方式积极宣传社区养老服务。

第二，整合人力资源，加快养老服务专业人才的培养。作为养老服务体系中的重要组成部分，社区养老服务人员直接面向老人，为其提供生活、医疗等服务，其服务质量直接关乎养老服务体系的完善，因此，政府应重视保障性住房社区养老服务人员的培养。首先，支持相关高校设立养老服务专业，重视对该专业学生的培养，从而促进养老服务人员专业化。其次，由于保障性住房社区居民很多是低技能的灵活就业人员，应充分考察保障性住房社区内或周边地区的闲置劳动力或失业人员，对其进行培训，制定优惠政策，引导其成为保障性住房社区养老服务人员。最后，为提升养老服务人员的水平，规范服务人员队伍建设，要求养老服务人员必须持证上岗。此外，在提高养老服务人员服务质量的同时，还应注重尊老敬老爱老观念的宣传，从而提高其职业道德。

❶ 李晓琦．市新弱势社区养老服务体系建构研究［D］．南京：南京理工大学，2013：35.

2. 保证养老服务供给，满足养老服务需求

保障性住房社区养老服务供需严重不平衡，缺口巨大，仅凭政府或养老机构无法满足日益增长的养老需求，所以必须走家庭养老、社区居家养老及机构养老相结合的道路。

（1）加强家庭养老服务，充分发挥其基础作用

家庭养老是一种由家庭成员提供生活照料等服务的养老服务供给类型。目前保障性住房社区老人的主要养老方式是家庭养老，因此，完善家庭养老对提升社区老人的满足感具有重要作用。

首先，在保障性住房的设计建造中，政府应考虑到居民多代同堂居住形态的要求，开发建造连通式的住宅，以方便子女对家中老人的日常照看，发挥出“最近一碗汤，最远一炷香”分居式养老模式的优势。

其次，政府应制定经济和社会政策对家庭养老给予支持，营造尊老敬老的社会氛围，立法强化子女对老年人的赡养义务，鼓励子女和老年人之间建立货币化养老等新型赡养形式，向子女提供免费的护理培训和照顾津贴，提升子女照顾老人的水平和能力。❶

最后，子女照顾对老人来说是最好的照顾，其不仅能满足老人们家庭养老的意愿，还能够提供其他服务形式所不能代替的心理和精神慰藉作用。因此，政府可向子女购买养老服务，通过直接给予劳务补偿、优先享受保障性住房或给予更高的社会救助补贴等形式，调动子女的积极性，发挥子女照看的力量。

（2）完善社区居家养老服务，建立养老依托性平台

完善保障性住房社区养老服务体系应充分发挥社区居家养老的作用，建立养老服务依托平台，缓解社会养老压力。

第一，以“物业管理”为依托，创建日间照料服务中心。物业管理作为保障性住房小区内不可或缺的组成部分，其在社区管理及社区服务方面发挥着重要作用。为促进保障性住房社区养老服务的发展，应积极促进社区物业管理和

---

❶杨翠迎，郑春荣．国际社会保障动态——社会养老服务体系建设［M］．上海：上海人民出版社，2014：317.

社区养老服务的有机融合，在加强物业管理人员的素质培训的同时，鼓励物业公司和专门的养老服务机构合作，建立老年日间照料中心。在日间照料中心的创办中，政府有关部门应发挥主要作用，在负责牵头、组织、协调和监督的同时，要引导企事业团体、协会等社会组织进入社区，帮助建立和完善社区老年日间照料中心。

第二，以“虚拟养老院”为依托，整合养老资源。尽快建立保障性住房社区“虚拟养老院”信息系统，利用“网络平台”，一方面将保障性住房社区老人们的生活、医疗及休闲娱乐等各种需求进行收集汇总，另一方面建立包括居委会、物业公司、社区卫生服务站、周边企业单位等在内的社区养老服务供给平台。社区老人要想“入住”养老院，只需在网站或服务站进行登记注册，入住老人一旦有需要，只需打进电话或在网站上点击相关服务，这时工作人员即可根据老人需求，制定服务工单，并联系相关企业或人员为老人提供上门服务。

第三，以“居民自治”为依托，推动社区养老服务建设。完善社区养老服务要凝聚社区居民的力量，为社区老人服务。首先，社区居委会应积极宣传我国敬老爱老的传统美德，组织相关活动，加强社区居民之间的交流，在社区营造出一种互帮互助的文化氛围。其次，社区内或附近的养老服务机构可优先聘用保障性住房社区的居民，使其实现就近就业，在节省外出工作的交通费用的同时，提高其收入水平，解决社区养老服务人员短缺问题。最后，保障性住房小区可设立“民意交流中心”，派合适人选组织收集社区老人们对养老服务的建议，从而促进社区养老服务的完善。

第四，以“志愿服务”为依托，撬动爱老敬老的社区氛围。为实现保障性住房社区养老服务低成本、高效益的目标，应将社区居家养老服务和志愿服务结合起来，以志愿服务推动社区养老服务的发展。首先，可以发挥大学生志愿者的作用。由于保障性住房和各大高校新校区都大多位处郊区，如果地理位置较为接近，保障性住房社区可积极联系附近高校的志愿者组织，组织有意愿的大学生为社区老人服务，这样既能够使大学生获得一定的社会实践锻炼，又可以满足社区老人的养老需求。其次，要调动老年志愿者的积极性。目前保障性住房社区内有近一半相对年轻的老年人，其身体状况较好，因此，可以调动相对年轻的老年人的积极性，为自理能力较差的高龄老人服务，从而实现老有所为，促进保障性住房社区的“积极老龄化”。对于经常参加志愿服务的老人，社区可为其建立“时间银行”，当老人有需要时，他们可以用之前无偿服务的“时间货币”购买所需的各种服务。[1]最后，要发挥社会志愿者的力量。社会志愿者大都有较丰富的工作经验，对社区养老服务来说是一项宝贵的人力资源，安排其为社区养老服务应根据志愿者的自身优势和居住地点，比如，从事医疗护理工作的社会志愿者为社区老人提供医疗保健服务；有健身经验的社会志愿者为老人去讲授相关知识；等等。

（3）*发展机构养老服务，重视其辅助养老作用*

机构养老是养老服务体系的重要组成部分，完善保障性住房社区养老服务体系也必须重视机构养老的辅助作用。

第一，明确公立养老机构职责，提供养老床位或货币化养老安置。对于保障性住房社区内符合五保供养条件的失能半失能困难老人，以及不符合五保供养条件但实际生活困难的失能、失智老人，应充分发挥公立养老机构的普惠兜底性质，优先安置这些老人到附近或社区里的公立养老机构进行集中养老；但也可根据老人自己的居住选择意愿，进行货币安置养老。

第二，优化民营养老机构与保障性住房社区的布局配置。一方面，民营养老机构面临入住率低、经营困难的问题；另一方面，保障性住房社区老年人中残疾人比例高，但此类型社区附近养老机构少。针对此问题，如果民营养老机构与保障性住房社区在空间位置上能有效对接和匹配，将一部分民营养老院建在保障性社区附近，那么民营养老机构在入住老人数量和入住率上会有所改善，保障性住房社区老人和残疾人也能有更方便实惠的养老选择；同时，由于养老机构服务人员极端匮乏，而保障性住房社区很多人员技能较低，工作不稳定，若能对部分人员进行培训，使其到附近养老机构就近就业，不失为一个较现实的安排和选择。

---

[1] 张文宏．养老服务的社会组织与管理——上海经验［M］．桂林：广西师范大学出版社，2014：193.

3. 保障性住房适老化设计，创造便利硬件设施

保障性住房在建筑设计方面的适老化建设主要包括旧有保障性住房的改造、新建保障性住房的潜伏设计和通用住宅的设计问题。[1]保障性住房的适老化住宅设计和针对老年人的保障性住房申请政策，不仅可以在一定程度上解决中低收入老人的住房困难问题，还能为其提供一个舒适便利的生活环境。目前，保障性住房针对老年人居住存在着交通空间狭窄、卫生间普遍狭小、室内管线布局不合理、室内有高差等内部环境问题，以及缺少群体空间规划、配套设施不足、缺乏树木遮阳、缺少公共厕所等外部环境问题。为使部分保障性住房更适合老年人养老居住，应对其在规划设计和建筑设计两方面进行适老化和无障碍化建设，满足老年人养老需求。

（1）合理规划保障性住房，为今后发展留有余地

随着老年人对住房及各种配套设施的需求的增加，在保障性住房规划中应当适度考虑未来发展，为今后的发展建设留有余地。

首先，应根据现有老年人数量和发展趋势来确定适老化住房的比例及配建形式，从住宅内部使用空间和建筑内部公共空间两方面来进行设计。住宅内部的使用空间要充分考虑到轮椅老人的使用需求和其他生活需求，如安全需求、日照需求、隔声需求等。建筑内部的公共空间要做到既满足社区老人的使用需求，又能最大化地利用空间，避免保障性住房的空间浪费。

其次，应推行老年住宅一体化设计、建造和装修。在保障性住房建设之初，便将家具等适老化的设计考虑进去，通过扩大室内活动面积、改变家具布置等方法，满足老年人的特殊需求。这样的设计建设既可以最优化地利用内部空间，还能够最大限度考虑老年人的生活需求，使有需求的老人以最快速度拎包入住、安享晚年。日本对住宅一体化的研究较早，在此方面实例较多。

最后，要合理配建社区养老服务设施。以养老设施的使用人口数为依据推算其服务人口数，确定社区服务设施的数量和规模，之后根据得出的结果合理布局社区老人居住设施及老人医疗保健设施及老人文化娱乐设施。

---

[1] 王超．保障性住房中的适老型住宅研究［D］．天津：天津大学，2012：77.

（2）改造旧有保障性住房，完善新建保障性住房潜伏设计

首先，要对原有保障性住房进行适老化的改造。通过减少房间、释放面积的办法来增加轮椅使用的交通空间，尽量扩大卫生间使用空间，并配备着力座椅、扶手等辅助设施，方便老年人使用；此外，在大型保障性住房社区中，应将一部分租赁型住宅改造为老年公寓，满足生活困难、无法自理老人的各种需求。

其次，要对新建保障性住房进行适老化潜伏设计。所谓潜伏设计，是指在进行保障性住房规划建设时，将老年人对住宅的需求加以考虑，在套型之间、室内空间及设备设施等方面进行特别建造，以方便日后的住房改造。在保障性住房设计之初，可采用框架结构使部分相邻户型不完全间隔，增加室内空间的使用灵活性，同时为老年设施预留一定条件，从而减少日后改造成本。值得注意的是，由于其成本相对于普通住房较高，因此保障性住房的潜伏设计应适量，应以满足老年人的生活居住需求为首要目标。

最后，应建造普适性通用住宅。通用住宅是在考虑居民一生的生活需求的基础上修建的，能够为老年人提供一个与普通人共同生活的空间环境；其既能够满足老年人对住房的各种需求，又能减少适老化改造成本，具有一定的社会价值。以青年夫妇为例，在为他们设计住宅之初，便考虑到青年夫妇家庭小孩出生后人口增加、孩子年长后分房居住、孩子读书的学习空间、青年夫妇年老以后的住宅适老化设计等。[1]

[1] 王超．保障性住房中的适老型住宅研究［D］．天津：天津大学，2012：80.

第七章　京津冀社会养老服务协同发展

一、京津冀养老服务体系建设比较

1. 京津冀三地基本情况比较

围绕京津冀养老现状，2015 年课题分别就社区和居家养老、机构养老进行了问卷调查和实地采访。其中，在机构养老方面，针对入住老人，北京市发放 10 份，回收 10 份（公办公营机构 1 家，公办民营机构 2 家，民办民营机构 2 家）；天津市发放 35 份，回收 32 份（公办公营养老机构 1 家；民办机构 9 家，其中民办公助 2 家，连锁机构 1 家，其余为民办民营机构）；河北省发放 25 份，回收 20 份（公办公营养老机构 1 家；民办养老机构 4 家，其中 1 家为连锁机构，其余为民办民营机构）。针对机构负责人，北京市有效访问 5 家，天津市有效访问 6 家，河北省有效访问 4 家。针对社区和居家养老方面，对京津冀三地分别发放问卷各 20 份，共 60 份，收回有效问卷 58 份；确定调查对象时男女比例随机发放，并以中年人和老年人为主。然后，以调查数据及文献阅读为基础，对京津冀三地老龄化程度、养老机构的发展水平、社区和居家养老服务等方面的情况进行了比较。

（1）京津冀三地老龄化现状比较

①数量规模。

根据第六次人口普查数据得知，北京市 65 岁及以上的老年人口为 170.9 万人，占总人口的 8.7%，距第五次人口普查上升了 0.3 个百分点；天津市 65 岁及以上人口为 110.2 万人，占比 8.52%，比第五次人口普查上升了 0.07 个百分点；河北省 65 岁及以上人口为 591.97 万人，占 8.24%，与 2000 年第五次全国人口普查相比上升了 1.19 个百分点，其中，石家庄市 65 岁及以上的人口为 82.59 万人，占 8.13%，比第五次人口普查上升了 1.48 个百分点。另由表 2.1、表 3.1、表 4.1 也同样可看出，三地的老龄化水平均呈上升趋势。其中，北京市老龄化程度最为严重；河北省老龄化速度最为快速，较早呈现“未富先老”状态。

②经济收入。

由于京津冀经济发展不平衡，三地老年人经济收入差别较大，京津养老机构老人的收入水平远远高于河北省，农村地区更是可望不可即。抽样调查显示，除子女赡养外，北京市接近 100% 的老人享有退休金和养老金，天津市为 87.5%，而河北省只有 60% 的人享有退休金和养老金。北京市老人月收入一般为 3000 ～ 4000 元，天津市有约 62.5% 的老人月收入为 2000 ～ 4000 元，河北省月收入 2000 以上的仅占 35%。尤其是农村地区，丧失劳动能力的老年人难有其他收入来源，除每月 70 元养老金（个别享受低保金）外，主要靠子女赡养。

（2）京津冀三地相关政策分析比较

自 2000 年以来，京津冀三地为鼓励扶持养老服务事业的快速发展，分别相继出台了一系列政策。

①社区和居家养老方面。

这里主要从发展规划、设施建设、资金补贴、服务项目四个方面对京津冀社区和居家养老服务政策进行比较分析。

a）发展规划方面。

北京市先后颁布了《关于北京市市民居家养老（助残）服务（“九养”）办法的通知》（京政办发〔2009〕104 号）、《北京市“十二五”时期老龄事业发展规划》《北京市支持居家养老服务发展十条政策》（“养十条”）（京老龄委发〔2016〕7 号）、《北京市“十三五”时期老龄事业发展规划》等文件，从全局角度对北京市社区和居家养老服务进行了规划。天津市先后颁布了《关于加快我市养老服务业发展的意见》（津政发〔2008〕27 号）、《天津市老龄事业“十二五”发展规划》《天津市养老服务促进条例》（2015）、《关于加强老年人分类保障的指导意见》等规划性文件，对天津市社区和居家养老服务进行了方向性布局。河北省先后颁布了《河北省人民政府办公厅关于加快发展养老服务业的意见》（冀政办函〔2007〕1 号 ）、《河北省人民政府关于加快推进养老服务体系建设的意见》（冀政〔2010〕72 号）、《河北省基本养老服务体系建设“十二五”规划》《河北省老龄事业发展“十二五”规划》（冀政办函〔2012〕7 号）、《河北省社区服务体系建设规划（2011—2015 年）》（冀民〔2012〕107 号）、《河北省居家养老服务条例》等一系列文件，对社区和居家养老做了不同时期的全面规划。可见，三地对社区和居家养老服务均进行了全局性发展规划，明确了发展方向和目标。

b）设施建设方面。

设施建设方面主要包括服务设施的建造及现有设施的适老化改造。

在服务设施建造方面，北京市颁布了《关于开展养老（助残）餐桌、托老（残）所规范化建设试点工作的通知》（京民老龄发〔2011〕121 号）、《关于印发〈北京市 2014 年街（乡、镇）养老照料中心建设工作方案〉的通知》（京民福发〔2014〕36 号）、《北京市养老服务设施专项规划（2015—2020 年）》《北京市养老服务设施规划设计技术要点》《关于开展社区养老服务驿站建设的意见》（京老龄委发〔2016〕8 号）、《关于印发〈社区养老服务驿站设施设计和服务标准（试行）〉的通知》（京民福发〔2016〕392 号）及《关于印发〈关于加强区级养老服务指导中心建设的意见〉的通知》《关于加强本市新建住宅小区配建养老设施建设、移交与管理工作的通知》等规定。天津市颁布了《关于建设老年日间照料中心（站）的实施意见》（津民发〔2009〕32 号）、《关于部署 2010 年 20 项民心工程养老设施建设和服务任务的通知》（津民发〔2010〕4 号）、《社会养老服务体系建设规划（2011—2015 年）》《天津市民政服务设施布局规划（2010—2020 年）》（津政函〔2011〕102 号）、《关于部署 2011 年 20 项民心工程完善养老服务任务的通知》（津民发〔2011〕3 号）、《关于部署 2012 年 20 项民心工程完善养老服务任务的通知》（津民发〔2012〕6 号）、《关于贯彻实施我市居家养老服务两个规范的通知》（津民发〔2013〕77 号）等文件。河北省颁布了《关于大力推进农村社会养老“幸福工程”的意见》（冀民〔2011〕51 号）、《河北省民政厅河北省财政厅关于加快推进居家养老服务中心建设的实施意见》（冀民〔2012〕65 号）等文件。从以上文件中可以看出，北京市社区和居家养老服务机构形式比较丰富，建设全面灵活，规范性较强，不仅有日间照料中心、托老所，还有社区驿站、区级养老服务指导中心等。天津市在设施建设上循序渐进，但形式较单一，主要是日间照料中心、老年配餐服务中心。河北省在此方面颁布的文件则相对较少，服务设施和机构没有统一明确的规范。

在适老化改造方面，目前只有北京市出台了《关于开展 2016 年老年人家庭适老化改造工作的通知》（京民老龄发〔2016〕375 号）、《关于印发〈北京市老年人家庭适老化改造需求评估与改造实施管理办法（试行）〉的通知》（京民老龄发〔2016〕374 号）。天津市和河北省虽然在相关文件中对此有所阐述，但尚无专门文件颁布。

c）资金补贴方面。

在资金补贴方面，主要包括针对社区服务机构的建设补贴和对特殊困难居民的养老补贴。

在对机构建设补贴方面，北京市颁布了《关于抓紧做好第三批“社区老年福利服务星光计划”设施建设工作的通知》《关于资助山区村建设老年福利服务设施的意见》和《北京市市级养老服务事业发展专项资金管理暂行办法》（京财社〔2012〕55 号）、《关于 2011 年养老（助残）餐桌和托老（残）所规范化建设单位奖励资金使用有关事项的通知》（京民老龄发〔2012〕22 号）、《关于 2011 年养老（助残）餐桌和托老（残）所奖励资金使用有关事项的通知》（京民老龄发〔2012〕23 号）、《关于给予社会办托老所全托型床位运营补贴有关事项的通知》（京民老龄发〔2013〕175 号）等文件。天津市颁布了《关于对我市托老所给予资助的实施意见》《关于开展养老机构社区延伸服务（虚拟养老院）

试点工作的意见》。河北省目前主要是明确了相关项目由福利彩票资金或财政解决。可见，北京市通过“星光计划”“山区星光计划”及项目奖励或补贴等多种形式对社区和居家养老服务设施建设给予了较大力度的扶持；天津市扶持项目较少；河北省相关的奖补措施很少，缺乏明确的规定。

在特殊困难居民养老补贴方面，北京市颁布了《北京市特殊老年人养老服务补贴办法（试行）》（京民福发〔2008〕335号）、《关于2015年开展经济困难的高龄和失能老年人居家养老服务试点工作的通知》（京民老龄发〔2015〕228号）、《北京通—养老助残卡管理办法（暂行）》等主要文件；天津市颁布了《关于印发天津市居家养老服务政府补贴管理办法（试行）的通知》（津财社〔2007〕51号）、《关于做好我市80岁以上困难老年人居家养老服务政府补贴工作的实施意见》《关于开展农村困难老年人居家养老服务（护理）政府补贴试点工作的通知》（津民发〔2013〕100号）、《关于调整我市居家养老服务（护理）补贴标准的通知》（津民发〔2017〕16号）等文件；河北省颁布了《关于加快建立高龄老人生活补贴制度的指导意见》（冀民〔2012〕63号）、《河北省老年人优待办法》等文件。对比这些文件可以发现，北京市不仅补贴对象范围最广、补贴力度最大，而且补贴形式越来越便利；天津市次之；河北省补贴对象范围最小，补贴标准较低。

d）服务项目方面。

在服务项目方面，主要从配餐日托服务、智能化信息化服务、医养结合服务、精神关怀服务、法律服务、保险服务等方面进行了比较。

在配餐日托服务方面，由于它是社区和居家养老服务的基本项目，所以，京津冀三地均有相应文件颁布。如《关于开展养老（助残）餐桌、托老（残）所规范化建设试点工作的通知》（京民老龄发〔2011〕121号）、《关于2016年开展养老助餐服务体系试点建设工作的通知》（京民老龄发〔2016〕391号）、《关于开展老年人助餐服务的意见》（津民发〔2011〕69号）、《关于大力发展我市老年人助餐服务的意见》（津民发〔2012〕42号）、《河北省人民政府办公厅关于加快发展家庭服务业的实施意见》（冀政办〔2011〕10号）等。

在智能化信息化服务方面，北京市颁布了《关于印发〈北京市“小帮手”

电子服务器配备使用管理暂行办法〉的通知》（京民老龄发〔2013〕42 号）；天津市通过了《天津市老龄事业“十二五”发展规划》，强调建立全市老年服务呼叫网络；河北省颁布了《河北省民政厅关于支持监督管理居家养老呼叫服务网络的指导意见》（冀民〔2010〕88 号）、《省民政厅关于建设全省社区信息综合服务平台及居家养老“一键通”呼叫服务网络的通知》（冀民〔2010〕92 号）、《关于加快建立覆盖全省城乡的居家养老呼叫服务网络的通知》（冀民〔2011〕61 号）。可见，三地均重视呼叫服务网络建设，尤其是河北省成效较大。

在医养结合服务方面，《北京市“十三五”时期老龄事业发展规划》强调要形成医疗服务支持社区和居家养老格局，《天津市养老服务促进条例》强调社区老年服务中心应当整合社会资源为居家养老的老年人提供医疗保健服务，《河北省推进医疗卫生与养老服务相结合的实施意见》（冀政办字〔2016〕4 号）强调要逐步提升基层医疗机构为居家老年人提供上门服务的能力。可见，目前三地均有规划，河北省正在着力推行。

在精神关怀及法律、保险服务方面，目前北京市分别颁布了相应规定，包括《关于进一步加强我市养老（助残）精神关怀服务工作的指导意见》（京民老龄发〔2011〕113 号）、《关于进一步加强老年人维权服务的通知》（京老办发〔2016〕7 号）、《北京市老年人意外伤害保险暂行办法》（京民老龄发〔2012〕415 号）；天津市《关于开展养老机构社区延伸服务（虚拟养老院）试点工作的意见》阐述了养老机构向社区和老人家庭延伸服务，提供精神慰藉等专业服务；河北省颁布了《关于进一步推进老年人意外伤害保险工作的指导意见》。可见，北京市政策制度相对全面，津冀还需继续完善。

②机构养老服务方面。

这里主要从机构规划及建设、资金补贴、税费减免、服务项目、服务质量监管等五个方面对京津冀三地政策进行了比较分析。

a）机构规划及建设。

对于机构养老，北京主要通过《北京市养老服务机构管理办法》（北京市人民政府令第 63 号）、《关于加快养老服务机构发展的意见》（京民福发〔2008〕543 号）、《北京市“十二五”时期老龄事业发展规划》《关于加快推进养老服务业发展的意见》(京政发〔2013〕32号)、《关于加快本市养老机构建设实施办法的通知》(京政办发〔2013〕56号)、《北京市关于进一步推进本市养老机构和养老照料中心建设工作的通知》(京民福发〔2014〕321号)及《北京市养老服务设施专项规划(2015—2020年)》《北京市“十三五”老龄事业发展规划》《北京市养老服务设施规划设计技术要点》等，对养老机构的数量、规模、建设标准、发展方向进行了全面规划。天津市通过《天津市养老机构管理办法》(津政令〔2007〕110号)、《关于加快我市养老服务业发展的意见》(津政发〔2008〕27号)、《关于部署2010年20项民心工程养老设施建设和服务任务的通知》(津民发〔2010〕4号)、《关于下达天津市“十二五”期间新增养老机构床位工作任务的通知》(津民发〔2011〕4号)、《天津市老龄事业“十二五”发展规划》《养老机构服务规范》(DB 12/T 526—2014)、《天津市养老服务促进条例》等文件进行了规划。河北省通过《河北省社会福利机构管理暂行办法》(冀民〔2001〕67号)、《河北省人民政府办公厅关于加快发展养老服务业的意见》(冀政办函〔2007〕1号)、《河北省人民政府关于加快推进养老服务体系建设的意见》(冀政〔2010〕72号)、《关于印发〈加快推进民政事业服务中心建设的实施方案〉的通知》(冀民〔2011〕69号)、《河北省老龄事业发展“十二五”规划》(冀政办函〔2012〕7号)、《河北省民政厅关于印发〈河北省养老机构管理办法〉的通知》(冀民〔2014〕52号)、《河北省民政厅关于印发〈河北省养老机构设立许可办法〉的通知》(冀民〔2014〕53号)、《关于印发〈河北省加快推进健康与养老服务工程建设实施方案〉的通知》(冀发改投资〔2015〕428号)等文件进行了全局规划。可见，三地对机构养老均有发展建设规划。

b）资金补贴。

建设资金补贴主要针对非营利性养老机构，主要包括建设运营资金奖补和入住老人资金补贴两方面。

在建设运营资金补贴方面，北京市颁布了《关于加快养老服务机构发展的意见》(京民福发〔2008〕543号)、《关于调整社会力量兴办社会福利机构运营资助标准的通知》(京民福发〔2011〕161号)等10多个文件，天津市和河北省也在此方面颁布了数量较多的文件规定。综合而言，建设运营资金奖补主要包括一次性建设补贴、运营补贴、保险培训社保补贴和星级评估奖励等。入住老人资金补贴主要针对特殊困难老人补贴。具体如表 7.1 所示。

在一次性建设补贴方面，北京市补贴力度最大，河北省补贴力度最小。但北京市规定，租用他人现有设施改造成养老机构的不在建设资金支持范围内，这可能使得靠租房办养老院的部分民办养老机构无法享受一次性建设补贴。天津市规定床位建筑面积小于 30 平方米的不予补助，这有可能使得部分条件稍简陋、空间受限的养老机构无法获得一次性建设补贴。河北省对社会力量租赁房产开办非营利性养老服务机构且租赁合同在 5 年以上的养老机构进行补贴，这使得一次性建设补贴范围更符合实际情况。

在运营补贴方面，北京市、天津市、河北省补贴力度依次递减。北京市和天津市在普惠性床位运营补贴的基础上，增加了失能半失能老人床位运营补贴。河北省主要是普惠性床位运营补贴。

在员工用工培训补贴方面，河北省力度最大，全部免费培训和进行技能鉴定；北京市力度较小；天津市补贴项目最多，除了培训补贴，还有岗位津贴和社保津贴。

在保险补贴方面，北京市和天津市有较明确的规定，河北省还有待出台具体规定。

在星级评估奖励方面，目前只有北京市有资金奖励；天津市和河北省虽然开展了星级评估工作，但资金奖励暂无。

在特殊困难老人补贴方面，北京市和天津市对补贴对象和补贴标准有较明确规定，河北省主要是开展了高龄老人补贴。

c）税费减免。

首先，三地都按《财政部国家税务总局关于老年服务机构有关税收政策的通知》（财税〔2000〕97 号）规定，对社会力量投资兴办的福利性、非营利性养老服务机构暂免征收企业所得税，以及老年服务机构自用房产、土地、车船的房产税、城镇土地使用税、车船使用税；对企事业单位、社会团体和个人等社会力量，通过非营利性的社会团体和政府部门向福利性、非营利性的老年服务机构的捐赠，在缴纳企业所得税和个人所得税前准予全额扣除。同时，以《关

表7.1　京津冀养老机构资金奖补比较

	北京市	天津市	河北省
一次性建设补贴	针对新建、扩建具有护养功能的养老机构，由市政府固定资产投资给予每张新增床位 2.5 万元的支持；针对新建、扩建普通功能的养老机构，由市政府固定资产投资给予每张新增床位 2 万元的支持。但租用他人现有设施改造成养老机构的，不在建设资金支持范围内。 区（县）政府投资建设的养老机构，按单床建设成本不高于 20 万元（不包含土地费用）标准，依据首都功能核心区、城市功能拓展区、城市发展新区及生态涵养发展区分类，以每床 20 万元为基数，由市政府固定资产投资分别给予区（县）30%、50%、70% 和 90% 的建设资金。 新建、扩建的街道、乡镇敬老院每新增一张床位资助 10 000 元，最高资助额 200 万元；对于利用其他闲置设施改造为养老服务机构的，按照改建费的 40% 予以资助，最高资助额 200 万元；对于现有养老服务机构改建不增加床位的，按照改建费的 40% 予以资助，最高资助额 40 万元；对于需购置设备的养老服务机构，按照设备购置费的 40% 予以资助，最高资助额 20 万元；原有养老机构按卫生部门医务室建设标准，需新设或改造医务室的，按照建设费用的 40% 予以资助，最高资助额 10 万元	养老机构新建、改扩建按平均每张床位建筑面积 30 平方米标准，给予一次性建设补贴，床位建筑面积小于 30 平方米的不予补助。 公建民营养老机构：由政府投资新建或购置建设并形成产权的养老机构，给予每张床位 3 万元的一次性建设补贴；由政府投资改扩建的新增养老机构床位，给予每张床位 1.2 万元的一次性建设补贴。 由社会力量投资新建或购置建设并形成产权的非营利性养老机构，给予每张床位 15 000 元的一次性建设补贴。 由社会力量投资改扩建的新增非营利性养老机构床位，给予每张床位 6000 元的一次性建设补贴	对于社会力量通过购置土地新建和利用自有房产改建的非营利性养老服务机构，给予每张床位 4000 元的建设奖补；对于社会力量租赁房产开办非营利性养老服务机构且租赁合同在 5 年以上的，给予每张床位 2000 元建设奖补，最高奖补金额不超过 200 万元

续表

	北京市	天津市	河北省
运营补贴	非营利性社会福利机构（不含会员制养老机构）以及采用公建民营方式建设的养老机构收住生活不能完全自理老年人的，按每人每月 500 元予以资助；收住生活自理老年人的，按每人每月 300 元予以资助。对会员制的社会办养老机构，均按照每人每月 300 元予以资助	公建民营的公办养老机构，针对收养生活自理老年人的养老机构床位，给予每年补贴 1050 元 / 床；针对收养生活不能自理（介护）和半自理（介助）老年人的养老机构床位，给予每年补贴 2250 元 / 床	对于连续运营的养老服务机构，按实际入住老年人占用床位数，给予每月每张床位不低于 100 元的奖补，按年发放
员工用工及培训补贴	养老护理员培训分为初级、中级、高级和技师职业资格培训；养老护理员职业培训补贴标准为初级 1500 元 / 人，中级 1800 元 / 人	凡在本市行政区域内注册登记、注册资本不少于人民币 50 万元的养老服务企业，招用养老护理人员，签订 1 年以上劳动合同的，均给予 2 年的岗位补贴和 3 年的社会保险补贴。 平均每人、每次培训补贴标准为 1162 元，其中，养老护理员、病患护理员等职业工种的补贴最高可达每人、每次 1950 元；对养老企业组织职工脱产、半脱产参加培训，还给予 90% ~ 100% 的培训补贴；同时，针对取得职业资格证书的人员，每人给予 1000 ~ 3000 元的培训津贴，津贴一半给个人，一半给企业。 无收入的本市失业人员、农村劳动力、普通高校学生参加养老服务培训，凡取得职业资格证书的，均给予培训成本 90% ~ 100% 的培训费补贴和生活费补贴	对在岗养老护理员开展免费职业培训和技能鉴定工作

续表

	北京市	天津市	河北省
保险补贴	市财政对所有养老机构综合责任保险缴费按照80%给予补贴	以公建民营养老机构为投保主体，按照实际入住老人数和每张床150元/年（以实际金额为准）的标准，为养老机构投保综合责任险	已开展相关工作，暂无明确规定
星级评估奖励	服务质量星级评定为一星级的养老服务机构奖励2万元；二星级奖励4万元；三星级奖励8万元；四星级奖励16万元；五星级奖励32万元	针对敬老院设立了“三星级敬老院”，但无资金奖励	全省星级养老服务机构等级由高到低分为三星级、二星级、一星级3个等次，暂无资金奖励
特殊困难老人补贴	北京市低保家庭生活不能完全自理老年人自愿入住本人户口所在地区县民政局选定的社会福利机构的，不能完全自理老年人每人每月补助1100元；定点社会福利机构月收费标准低于1100元的，按照实际收费予以补助	具有本市户籍、享受城市最低生活保障待遇或特困救助的60周岁以上老人，申请入住市和区（县）国办养老机构的，最高资助金额不超过物价部门核定的每张床位收费标准。申请入住社会力量办非营利性养老机构的，根据机构实际规模和档次，参照国办养老机构同级别床位收费标准，最高资助金额上浮不超过国办养老机构收费标准的15%	建立了80岁以上高龄老人生活补贴制度，百岁以上老年人的高龄津贴每人每月不少于300元；对经济困难的老年人逐步给予养老服务补贴。

于支持文化服务出口等营业税政策的通知》（财税〔2014〕118 号）为基准，免征营业税；落实《关于减免养老和医疗机构行政事业性收费有关问题的通知》（财税〔2014〕77 号）的要求规定，对营利性养老和医疗机构建设减半收取行政事业性收费，非营利性机构则全额免征。

其次，在养老机构供地方面，三地均一致，政府投资建设的养老机构，依法采取划拨方式供地。社会资本投资建设的非营利性养老机构，依法采取划拨方式供地；社会资本投资建设的营利性养老机构，应在限定地价、规定配套建设和提出管理要求的基础上，采用招拍挂等方式供地。

最后，关于水电气暖等费用方面，北京市《关于加快本市养老机构建设实施办法的通知》（京政办发〔2013〕56 号）规定，社会资本投资建设的非营利性和营利性养老机构用水、用电、用气、供暖价格均按照本市相应居民收费价格标准执行；由社会资本投资建设、实际承担集中养老服务职能的全托型社区托老所，公建民营方式建设的养老机构，由农村集体经济组织投资建设的养老机构，以及社会资本在采用农村集体土地流转方式获得的集体建设用地上投资建设的非营利性养老机构，运营期间享受同等政策。天津市《天津市养老服务促进条例》规定，养老机构、社区老年服务中心和老年日间照料中心等养老服务设施用电、用水、用气、用热，按照居民生活类价格执行。河北省《河北省人民政府〈关于加快发展养老服务业的实施意见〉》（冀政〔2014〕67 号）规定，养老机构用电、用水、用气、取暖等日常生活消费，按居民生活类价格执行；《河北省物价局关于落实养老机构有关价格及收费标准的通知》（冀价管〔2011〕25 号）规定，养老机构电话、有线（数字）电视、宽带互联网资费，按当地居民使用的相应价费标准执行。

可见，三地在税费优惠方面的政策规定基本一致，但北京市和天津市没有明确宽带互联网资费、有线电视费、电话费等费用按何种标准收费。

d）服务项目。

在服务项目方面，目前三地主要就医养结合做出了规定。如，北京市《关于加快推进养老服务业发展的意见》（京政发〔2013〕32 号）、《北京市关于进一步推进本市养老机构和养老照料中心建设工作的通知》（京民福发〔2014〕

321号）要求加快推进养老机构医养结合工作；天津市通过《关于推进我市医疗卫生与养老服务相结合的实施意见（试行）》推进医养结合；河北省通过《河北省推进医疗卫生与养老服务相结合的实施意见》（冀政办字〔2016〕4号）、《河北省“大健康、新医疗”产业发展规划（2016—2020年）》推进医养结合。另外，北京市还颁布了《关于推行养老服务机构综合责任保险的意见》（京民福发〔2012〕347号），天津市还颁布了《关于印发天津市〈养老机构管理办法〉实施细则的通知》（津民发〔2014〕55号），要求参保综合责任保险来降低养老机构的运营风险。关于其他精神慰藉、法律维权、文娱活动等服务项目，则缺乏相关明确规定。

e）服务质量监管。

北京市先后颁布了《北京市养老服务机构医务室服务质量控制规范》（DB 11/T 220—2004）、《养老服务机构服务质量星级划分与评定》（DB 11/T 219—2004）、《北京市养老服务机构服务质量规范》（DB 11/T 148—2008）、《北京市养老服务机构院内感染控制规范》（DB 11/T 149—2008）等服务质量规范。天津市颁布了《天津市养老机构管理办法》（津政令〔2007〕第110号）、《关于市属民办非企业单位规范化建设评估等级的通知》（津民发〔2011〕98号）、《关于表彰星级敬老院的通报》（津民发〔2013〕49号）、《养老机构服务规范》（DB 12/T 526—2014）来进行规范。河北省颁布了《关于印发〈河北省社会福利院管理规范〉的通知》（冀民〔2006〕31号）、《关于进一步加强“爱心护理工程”建设基地工作的意见》（冀老龄办发〔2012〕19号）、《养老机构服务规范》（DB 12/T 526—2014）等文件，对机构养老服务质量制定了基本要求。

（3）京津冀三地社区和居家养老现状调研

①对社区居家养老服务的认知程度。

在本次调研中，北京35%的受访市民对这一的服务体系选择了“了解”，45%选择了“知道一些”，还有20%选择为“听说过”；天津市15%的受访市民选择了“了解”，60%选择的是“知道一些”，25%选择的是“听说过”，两个地区中均没有被调查者选择“完全没听说过”的情况；而河北省地区50.1%的受访者选择的是“听说过”，只有33.33%选择了“知道一些”。

可见，京津地区民众对社区居家养老模式有一定程度的认知，市政府和相关部门宣传比较到位，其中北京民众对此模式了解程度最高，观念意识较强；而河北省地区有相当一部分人缺乏对该服务体系的了解，认知不到位。

②社区基础设施建设。

首先，在社区内基础设施建设方面，调查结果显示，京津地区社区基本服务设施较为完善，设施涵盖了日间照料中心、托老所等基本生活照护场所及老年人文体中心、棋牌室等一系列休闲娱乐场所，其中北京市部分社区还建有老年人法律援助中心等高水平服务场所；而河北省地区服务中心多集中于社区医院、日间照料中心等基本生活照护场所。可见，河北省地区在硬件设施配备方面可用资源较少，和京津等国内发达城市还有一定差距。

（4）京津冀三地机构养老现状调研

①养老机构规模。

受资金、土地、盈亏平衡等因素的影响，社会办养老机构平均占地面积比国办少，平均床位数比国办多。资料显示，天津市国办占地面积为 11 ～ 40 亩，平均拥有床位数为 200 ～ 800 张；社会办养老机构占地面积为 1.2 ～ 18 亩，床位 112 ～ 700 张。[❶]北京、天津 80% 的民办养老机构床位数在 200 张以内。而河北省则土地相对宽松，很多养老院有 200 ～ 300 张养老床位。

②收费标准。

养老机构收费标准一般与老人自理能力、居住条件有关。大部分养老机构收费标准按老人健康状况分为自理、半自理、基本不能自理、完全不能自理等几个等级收取，还有的结合每间居住人数等标准收费。公办养老院收费比民营养老院偏低；再就是与地域有关，京津高于河北省，城市高于县城。

③护理人员状况。

调查发现，养老机构护理人员一般年龄偏大，40 ～ 50 岁占 90% 以上，30 ～ 40 岁不足 10%；文化程度 92% 为高中以下，京津地区护理人员大部分经过了岗前培训，持证上岗；一般一个护理人员需要护理 8 ～ 15 名老人，工作量

❶国家统计局天津市调查总队课题组．关于天津市养老机构发展和入住老人生活状况的调查报告［J］．求知，2015（2）：46.

较大；但工资水平偏低，北京市平均为 3000 ~ 5000 元，天津市 2000 ~ 3500 元，河北省石家庄市 2000 ~ 2500 元。访谈中得知，有 85% 的养老机构护理人员不足，其主要原因是养老护理地位低、责任大、收入不高，年轻人不愿从事这项职业，年龄偏高者因知识、技能、体力等方面原因无法胜任，导致队伍不稳定。

表7.2　京津冀养老机构收费

城市	自理 / 元	半自理 / 元	基本不能自理 / 元	完全不能自理 / 元
北京	2700 ~ 3000	3300 ~ 3600	3900 ~ 4200	4500 ~ 5000 及以上
天津	1900 ~ 2400	2500 ~ 3000	3000 ~ 3500	4000 ~ 5000 及以上
河北石家庄	1700 ~ 2400	2100 ~ 3000	2500 ~ 3500	3500 ~ 4500 及以上

注：资料来源于本次实地调研与网络查找。

④老人满意度。

京津地区超过一半的老人对养老院护理服务、养老院内部和周边环境及饮食质量感到满意，而对医疗服务、内部活动设施、文娱活动方面觉得有待提高。

内部活动设施方面，北京地区 20% 的老人对设施感到满意；30% 的老人反映没有设施；40% 的老人认为设施不全，未考虑到所有老人；10% 认为数量太少，不够用。天津市约 15.6% 的老人对机构设施感到满意；31.25% 的老人反映没有设施；31.25% 的老人认为设施不全，未考虑到所有老人；21.8% 老人认为数量太少，不够用。河北省地区老人中有 40% 持满意态度；35% 认为设施数量太少，不够用；另有 25% 的老人认为设施不全及设施不经常开放。

文娱活动方面，北京地区有 20% 的老人认为活动不经常举办，天津市为 50%；北京市有 20% 的老人认为种类单一，天津市约为 50%，河北省则为 35%；此外，天津市约 14% 的老人感受到其只是局限于形式，未能发挥应有作用，河北省则有 45% 的老人反映这一问题。所以，京津冀三地大部分老人都不约而同地期望有谈心室、阅览室、茶室及带草坪的户外活动场所，能够在平时生活中自娱自乐。

医疗方面，北京市有 20% 的老人对养老院医疗服务感到满意，近一半老人认为亟待引进专业技术医生和建立医务室。天津市满意率约为 37.5%，有 43.75% 的老人表达了对专业人才和应急医务室的需求。河北省有 45% 的老人对当前医疗水平感到满意，有 25% 的老人认为养老院亟须建立完备的医务室，20% 的老人希望养老院应配备技术精湛的医生和护士。

2. 京津冀三地养老服务体系个性化问题及比较优势

（1）北京市

北京市作为全国政治文化中心和科技创新中心，经济实力强，对于养老问题，政策制定起步早，有完整健全的政策体系，资金补贴力度大，服务项目最全面，基础设施最齐全，人均养老床位最高。其主要问题是土地资源紧缺，养老资源分配不均。虽然主要的养老院集中分布在北京市中心的“城六区”，但因为城六区老年人口总量和比例高，养老床位较紧张；而在远郊区县，养老床位相对宽松，床位闲置的情况依然存在。在社区和居家养老方面，也还存在供需匹配部分错位、产业化程度较低的问题。

（2）天津市

在机构养老方面，天津市对护理人员及管理人才的评审有较为严格的政策规定，将持证上岗率与政府补助相挂钩，紧抓人才素质建设；针对护理员用工和培训，补贴项目较多。其主要问题为养老机构规模设施有待提升，特殊老人入院及养老机构综合责任保险等都需要出台正式政策规定；另外，公办养老机构占比较低，约为 30%，这可能会使得针对孤寡、失能、困难老人的公益性收住的“托底”功能难以有效发挥。在社区和居家养老方面，“虚拟养老院”特色渐显，社区老年日间照料服务中心运营机制改革颇具新意。目前主要是服务项目还需要更加丰富，不断提升农村社区和居家养老服务水平。

（3）河北省

河北省的优势在于较低的土地成本和人力成本，在全国首创了“农村互助幸福院”，创建了“多院合一”民政事业服务中心，居家养老呼叫服务网络实现全覆盖，较为有效地解决了农村及偏远地区老人的养老服务问题；而且在养老机构补贴方面更贴近实际需要，对养老机构护理员培训补助力度最大。其面临的主要问题是资金短缺，这反映在对养老机构一次性建设补贴及运营补贴金额，以及困难老人入院补贴等方面。在社区和居家养老方面，也还存在覆盖率低、服务项目不齐全及适老化改造等问题。

3. 京津冀机构养老服务体系建设的共性问题

（1）养老服务人员方面

京津冀三地尽管在养老服务人员用工和培训方面出台了相应鼓励措施，但现实情况仍不容乐观，尤其是从事实际工作的护理员，随着人口老龄化程度的加深，失能半失能老人数量不断增加，护理员缺口会越来越大，问题会愈加严峻。

（2）社区和居家养老服务方面

①筹资结构有待优化。

在社区和居家养老服务筹资方面，京津冀三地目前主要是依靠财政收入。但由于社区和居家养老服务要解决约96%甚至97%多老年人口的养老服务需求，伴随着服务项目的不断丰富，需要持续投入的资金规模会不断增大，如不优化筹资结构，政府财政负担会不断加重。这会直接导致社区和居家养老服务水平及规模的扩大。

②服务质量有待规范和监管。

目前三地在社区和居家养老服务方面就设施建设等进行了相应规定，但就服务质量而言，没有做出系统规范的监管要求。这容易造成各地服务质量参差不齐或引发服务纠纷等问题。

（3）机构养老服务方面

①服务项目有待丰富。

目前大多数养老机构主要提供基本的住宿、供餐、打扫卫生等服务项目，文化生活、情感交流、精神慰藉方面还很欠缺，老人在养老机构中难以找到归属感。为满足老年人多方面的需求，应在调研基础上有针对性地提供多样化服务项目，这样能增强养老机构的吸引力，改善入住老年人的生活质量。

②民营养老机构发展有待扶持规范。

同为养老机构，公办享受政府土地供给、财政拨款及随之带来的“免费”

宣传，反观民营养老机构在成立之初即面临土地自给、银行较少提供贷款的风险，导致民营养老机构大多布局紧促，人员素质参差不齐，或者环境稍适宜一点但收费颇高，或者“名不副实”，有的还因政策监管不到位，许多优惠政策没有真正享受，如此等等，使得民营养老机构的发展还需要做出诸多探索。民营养老机构应胜在高效科学的管理和灵活周到的服务两方面，但目前还远不尽如人意。

（4）智慧养老方面

目前，无论是社区和居家养老服务，还是机构养老服务，京津冀三地在信息化、智能化方面均有较大欠缺，在健康智慧养老方面还大有可为。

（5）医养结合方面

京津冀尽管分别制定了医养结合的相关政策，但整体而言还处于起步阶段，医养结合全覆盖还任重而道远。

二、京津冀养老服务体系协同发展可行性及障碍分析

1. 京津冀机构养老服务体系协同发展可行性分析

早在 2013 年，国务院常务会议就确定了加快发展养老服务业的任务措施，指出把服务亿万老人的“夕阳红”事业打造成蓬勃发展的“朝阳产业”，使之成为调结构、惠民生、促升级的重要力量。党的十八大提出了“积极应对人口老龄化，大力发展老龄服务业和产业”的战略方针和目标任务。2014 年，习近平总书记在听取京津冀协同发展工作汇报时明确提出，实现京津冀协同发展是一个重大国家战略；李克强总理在政府工作报告中指出加强环渤海及京津冀三地经济协作。2015 年 4 月底，中共中央政治局审议通过《京津冀协同发展规划纲要》，明确了三地发展定位，确定了协同发展的近期、中期、远期目标。面对持续加重的人口与环境资源压力，北京市亟须疏解非首都功能，随着《京津冀民政事业协同发展合作框架协议》的启动，河北省承接京（津）养老服务功

能进而实现三地养老服务事业协同发展战略得以确立和发展。

首先，随着京津冀计划的实施，相继会有大批人力资源、重工企业、科技资源、先进理念逐步进入河北省，与之配套的是大量人员的涌入，三地在经济、政治、科技联动发展的同时，养老机构建设必须相应跟进，与经济政治发展相互协调、相互推进、相得益彰。而京津冀三地地域相邻，文化背景相近，生活习惯相同，建设协同发展的机构养老服务体系具有很强的可操作性。

其次，三地有着各具特色的优势和短板，这正是可以互补的地方。北京市有着全国最优质的医疗资源，有强大的财政支持，有大量的民间资本，有先进的科技支撑、管理理念和成熟经验，可以很好地弥补天津市、河北省在这一方面的不足。随着老龄人口空巢化和高知化特点的呈现，人们的养老观念也在发生转变，距离市中心较远的养老机构更符合老人对环境安静的要求，而河北省拥有大量的人力资源及价位较低的土地，可有效缓解京津土地资源紧缺、护理人员不足问题，因此，在环京津地区建立养老基地对老年人入住有越来越大的吸引力。天津市与河北省相比，经济发展水平较高，有较强的承接能力，市场化程度较高，同时养老社区发展迅速，机构管理较为严格，护理人员素质相对较高，既能满足向河北省输出人才经验的要求，又能满足自然承接北京市资源的条件。三地扬长避短，拾遗补阙，建设既有京津水准又有地方特色的养老机构是切实可行的。

另外，老人问题关系到千家万户。一直以来，京津是大多数人就业的首选，随着大批河北省人口进京住津，“空巢老人”“留守老人”日渐增多，养老是在外游子的最大牵挂。2010 年第六次人口普查数据显示，河北省来京人口为 155.9 万人，占北京市常住外来人口的 22.1%；而在天津市常住外来人口中，来自河北省的人数为 75.45 万人，占天津市常住外来人口的 25.2%。❶ 河北省为京津地区人口输出大省，建设发展京津冀协同机构养老服务体系可有效解决外来人口家庭中“留守老人”“空巢老人”的问题。尤其是交通网络建成后，交通距离缩短，可增加探望老人次数，既解决老人的思家之愁，又解除外出务工

❶ 高玉，刘欢．北京常住外来人口河北人占 1/5[N]．北京日报，2014-03-31.

人员的后顾之忧，使之安心工作，为社会创造更大价值。同时，养老机构的协同发展不仅可以满足京津冀老年人的多层次需求，提高生活质量，而且可以释放有效需求，反过来促进医疗卫生业、生活服务业、房产建筑业、商业零售业等行业的发展。由于老年群体需求潜力巨大，建设完善多层次、全方位的机构养老服务体系，吸纳更多老年人入住，将有效拉动经济增长，催生就业岗位，缓解就业压力，维护社会稳定。由此可见，加快养老机构协同发展步伐势在必行，时不我待。

2. 京津冀机构养老服务体系协调发展存在的障碍因素

(1) 经济悬殊

与京津相比，河北省经济发展水平相对滞后，人均 GDP 仅为北京市的 1/4、天津市的 1/3。根据“木桶理论”，一只桶的最大盛水量取决于最短的那一块板。河北省由于经济基础薄弱、资金短缺，养老服务的整体医疗资源、设施建设、资金补助、管理水平、服务项目等都与京津相差甚远，这直接阻碍着河北省承接京津老年人服务及京津冀养老服务协同发展。

(2) 行政壁垒

这是被公认为制约区域经济合作的最大因素。相对于珠三角和长三角，京津冀经济圈市场化程度不高，政府对经济的干预较强，要素市场流动受行政制约严重。各地虽然从政策层面上都制定了一系列政策，但是都局限于本地，考虑本地利益。如床位补贴，针对困难老人的补贴，三地的前提都为“本市（省）户籍”，这无形之中设置了接纳外来老人的障碍。此外，医保制度尚未统一，“异地报销”问题尚未解决，如此等等，严重制约着机构养老的协同发展。

(3) 观念阻碍

京津老年人的异地养老意愿是河北省在承接京津养老服务的过程中不容忽视的一个重要因素，老年人异地养老意愿不强或者对异地养老持反对态度都会严重阻碍河北省承接京津养老服务的进程及京津冀养老服务的协同可持续发展。据调查数据显示，不同年龄段的北京市老年人异地养老的意愿不同，但总体趋势都是不愿意的比例要远远大于愿意的比例。“总体上讲，只有17.5%的老人愿意异地养老，而有将近70%的老人不愿意异地养老，跨地区养老对于大部分老年人来说感到陌生和不可接受。”[1]其中，在所有的京津老年人当中，文化程度较低、收入水平不高、与子女关系良好及社交关系良好的老年人对异地养老尤为排斥。[2]虽然河北省的养老成本相对于京津来说较为低廉，有的养老条件也比较好，但是由于受中国传统思想文化的影响，大多数老年人的养老观念比较保守且不易改变，他们具有较为浓厚的安土重迁思想，希望在晚年能够在自己的家乡养老。如果一直在北京生活，那么自然也希望能够在北京安享晚年，加之生活习性的影响会让一个人对自己一直生活的地方产生依赖和情感，如果突然换到一个陌生的环境中生活，必定会产生抵触和其他负面反应。所以，对于长期生活在京津地区的老年人来讲，其必然会对异地养老有所排斥。

(4) 污染严重

在2015年中国环境保护部公布的全国空气质量最差的10个城市中，仅河北省一省就占了7个名额，保定、邢台、衡水、唐山、邯郸、石家庄和廊坊均榜上有名，这使得河北省的形象在人们眼中大打折扣。这是河北省高耗能、重污染企业太多且不加治理，以及北京一些污染严重的企业迁至河北造成的。生态环境质量差、空气污染严重使得许多想来河北养老的老年人望而却步，河北省承接京津养老服务任重而道远。

(5) 交通不便

据调研发现，异地养老中，多数老年人选择养老机构的首要因素为交通便利。而目前北京市、天津市之间虽然开设了多条城际高速，但尚未形成网络，区域重点城市公交“一卡通”仍处在规划阶段，京津地区居民快捷出行局限于“天津站”“北京南站”。高速公路尚未形成整体网络，河北省环京津高速的“瓶颈路”尚未完成拓宽改造，加之现行的限号，高速公路收费及法定节假日车流

[1] 吕丹娜，李延宇，丁玉乐，等．老年人异地养老意愿调查及其影响因素研究——基于京津冀地区的研究 [J]. 现代经济信息，2010 (3)：310-313.

[2] 姜向群，季燕波，常裴．北京市老年人异地养老意愿分析 [J]. 北京社会科学，2012 (2)：33.

拥堵等问题的存在也在一定程度上影响着机构养老体系的协同发展。

三、京津冀养老服务体系协同发展现状及建议

1. 京津冀养老服务体系协同发展的进展

京津冀养老服务协同发展工作看似“低调”，实则早已悄然行动。时任北京市副市长、老龄委主任戴均良表示，2015 年北京市养老领域的重点工作之一是加强培育京津冀协同发展的养老市场。河北省秦皇岛较早提出利用旅游资源优势，对接京津健康养老产业，逐步通过建立健康产业链条、引进北京市 1 ~ 2 家知名医院和数名专科医院等步骤，到 2020 年建成 2 ~ 3 所大容量养老服务机构，形成完整的养老服务体系，满足京津养老服务需求目标。借着全国居家养老服务数据中心在保定设立，保定也将凭借信息化、数字化的优势发展养老服务产业，争取早日与京津对接。张家口市民政局则与北京市民政局积极接洽，探讨北京市老人异地入住的可能性，计划建设集颐养型、医养型、养生型、旅游型、候鸟型为一体的京津冀综合养老基地。另外，河北省将高碑店市和涿州市作为京津冀养老承接基地，河北省燕郊也建有环境优美、设备齐全的养老院，廊坊市香河建有“香河国际养老示范基地”，这些养老基地大多环境宜人，如果加上完善的服务管理、合理的收费，定会吸引京津老人来此颐养天年。由此可见，三地养老机构早已看准京津冀协同发展的良好机遇，津冀主动创造条件，抢抓战机，争取与北京市早日对接；北京市也希望疏散人口，缓解压力，将异地养老变为现实，三地养老机构协同发展已然进行。

2015 年 11 月，《京津冀民政事业协同发展合作框架协议》签署后，三地民政部门建立了联席会议机制，至今已经举办了四次会议。第一次是在北京达成了三地养老协同发展框架协议，京津冀三地民政部门共同签署《京津冀养老工作协同发展合作协议（2016—2020 年）》，规定从 2016 年 10 月 1 日开始，京津冀三地开始试点养老服务协同发展项目，试点工作为期两年。第二次是 2016

年在张家口，确定了天津武清养老护理中心、河北三河燕达国际健康城、中标集团河北高碑店养老项目三个试点单位，针对三地老人入住试点机构，制定了具体实施方案，初步形成了优惠政策。第三次是2016年11月在天津，达成了三地智能化养老共识。第四次是在天津滨海新区召开，重点围绕提升养老机构服务水平进行了研讨。可见，三地在养老服务方面的合作正逐步向纵深发展。

养老服务离不开医疗保健。在医保互通方面，2014年年底，河北省与京津两地建立了医疗合作关系的医疗卫生计生机构达到230余家，合作项目主要包括：京津专家定期来河北省坐诊、带教；建设远程会诊中心；建立转诊绿色通道；开展人员培训、进修及科研项目合作。河北省将在保、廊、秦等地规划相对集中的行政区，以临近首都、交通便利的市县为重点，支持驻京医疗机构通过合作办医、设立分院、整体搬迁、远程会诊、人才培养等形式疏解到河北。河北省卫计委已与国家有关部委、京津卫生计生部门、医疗卫生单位等进行了对接，初步拟定了推进京津冀医疗卫生协同发展的指导意见，并着手研究制定《河北省推进京津冀医疗卫生协同发展规划（2016—2020）》。廊坊、保定两市被确定为京津冀中医药一体化协同发展试点，按照双方达成的意向，两地将在中医药人才培养、学科专科建设、疾病防控等多个领域开展合作。京冀两地已确定筹建“崇礼县创伤急救中心”。三地正在推进医保和新农合系统的全面互联互通。❶

2015年1月下旬，北京市人力资源与社会保障局有关负责人表示，目前已经实现了京津冀三地医疗保险定点医疗机构的互认，北京和河北签订了框架协议。

2. 相关完善建议

（1）高瞻远瞩，协调发展规划

京津冀养老服务协同发展，需要针对三地经济发展不平衡、养老水平良莠不齐的实际情况，打破各自为政和地域束缚，遵循扬长避短、优势互补、互利

❶ 王凤伟．京津冀三地医保未来全面互联互通 [N]. 燕赵晚报，2014-12-25.

共赢、共建共享的原则，制定出因地制宜、相互协调、循环渐进、共同发展的京津冀机构养老发展计划及长远规划，制定统一的养老机构评定考核奖惩办法，建立完善与之相匹配的法规制度，使之目标明确、指标量化、责任具体、措施可行、奖惩严明，加快推进相互对接、相互融合。在发展规划上，一是要避免重复建设。如，三地根据老年人总量和地域分布特征算出需要新建的床位总数量，然后根据各地承建能力，做好总体规划，进行数量分配，同时注重建设区域和地点规划，以避免同质养老设施大量重复建设或在同一区域过分集中，导致资源浪费和使用率低下等一系列问题。与此同时，应改变对各地单独的数据考核，而以上述统筹的思路来合理确定各地的数量指标。二是有效整合三地养老科技资源。将京津冀养老的先进高科技资源进行整合，成立跨区域研发团队，以最高效率开发智慧养老产品链和推行智慧养老信息智能系统，以减轻日益加大的养老服务压力。三是有效整合三地养老医疗资源，尽快实现医保互通、资源对接。对京津冀异地就医、医保互通、医养结合进行统一协调规划，制定明确、具体的政策规定，合理配置医疗资源，制定政策解决异地报销、跨省就医人员等问题，建立信息网络，促进医保系统对接。将河北省专业型养老机构和相关区县三甲医院纳入京津地区医保定点医院范围，抑或直接在河北省设立连锁分支机构，实现医疗保险对接。[1]四是三地要明确规划定位。河北省要承接京津养老服务功能，要吸引京津老人到冀养老，应通过低成本，高质量服务，以提供交通便利、规模化、连锁经营的中高端养老服务为主；京津适度发展机构养老，以大力发展社区和居家养老为主。五是在对社会资本的引导和扶持上，三地可进行统筹规划，统一政策。

（2）相互借鉴，完善制度建设

关于社区和居家养老服务，津冀在养老服务设施建设上可向北京市借鉴，出台养老服务驿站建设、适老化改造等制度规定；在服务项目上，出台加强精神关怀、法律援助等规定；在政府购买服务的提供方式上，出台改券为卡等便民措施。在服务模式上，京冀可借鉴天津市的“虚拟养老院”发展模式，通过

[1] 赵洋．人口老龄化背景下廊坊市养老机构发展研究 [D]．沈阳：辽宁大学，2013：35.

信息平台将各方资源进行整合和实时反馈，还可深入践行天津市的日间照料中心运营机制改革模式。在农村地区，京津可借鉴河北省“农村幸福院”的发展模式，完善制度规定。

关于机构养老服务，在管理措施上，津冀可借鉴北京市对养老机构进行星级评定并加以资金奖补的管理措施，不断提高对养老机构的一次性建设补贴和床位运营补贴，特殊老人通过代理服务入住养老机构，对养老机构出台服务规范标准等政策规定。京津可以借鉴河北省针对通过租赁开办养老院的补贴规定，适度放宽资金奖补享受范围。在护理员工培训方面，京津可以借鉴河北省免费培训的措施，或京冀借鉴天津市关于护理员工资补贴和社保补贴等激励措施。在困难老人补贴方面，京冀可以借鉴天津市困难老人养老和护理补贴政策。在农村地区，京津可以借鉴河北省“多院合一”行政事业中心发展模式。

(3) 多管齐下，加强护理人员队伍建设

面对护理人员队伍数量不够、高流失率等现状，应从各个环节进行努力。

首先，增加从业人员生源或来源。第一，京津冀三地大专院校借鉴北京大学、中国人民大学、北京青年政治学院、大连职业技术学院等院校经验，尽可能开设与“老年护理”“老年服务”“老年医学”有关的专业，注重技能培训；设立相关专业的大专院校可与就近的养老机构建立长期合作机制，定向培训，真正做到理论与实践紧密结合。此外，针对报考这类专业的考生，政府给予减免学杂费、生活费的待遇，激励有志青年从事老年护理行业，从而提高养老机构人员的整体素质，使之逐步走向职业化、专业化、行业化。2015 年，天津市积极与河北省、北京市协同发展职业教育，实现京津冀职业院校、养老企业在人才、技术等方面资源共享和优势互补。北京市主要作为培养标准和政策制定的主导方，为产教对接提供政策支持和智力保障；天津市主要发挥实践方的作用，为养老人才运行模式提供现实基础；河北省主要是人力资源的供给方，为养老服务业提供人力支持。[1]第二，积极扩展社会或社区志愿服务组织、社会工作者团队、高校实践教学（实习）团队参与到当地养老服务事业中来，形成爱心护

[1] 韩爱青．京津冀将联手培养养老人才 [N]．城市快报，2015-6-2.

理接力组织。第三，加大宣传力度，吸纳部分失业人员或国外员工参与到养老服务事业中来。第四，大力发展智能机器人等智慧养老服务，使养老服务事业减少对护理员的依赖。

其次，注重培训。由于老年人养老服务需求多样，发生意外事故的风险较高，故必须加强对护理人员的全方位培训。在当前护理员工资低的实际情况下，应全部免费对其进行培训，使其减少从业成本。

最后，切实提高工作待遇。第一，在条件允许的情况下，应尽力提高护理员的工资待遇。工资待遇是护理员生存的经济基础，是其最重要的经济主张和劳动价值的体现，提高工资待遇能让护理员切身感受到实惠，这样从业动力才能大幅强化。第二，可将护理员的合格工作年限与户籍积分制度、经济适用房、廉租房、贷款信用担保等制度建立更直接、更优惠的联系，从而减少从业流失率。第三，养老机构对护理员进行人性化管理，如合格工作满一定年限可以享受直系家属或本人入住该养老机构一定的缴费折扣等。第四，其他激励措施，如通过技能比赛评选金牌护理员并给予物质和精神奖励、建立评级晋升制度等。

(4) 注重适老化改造，大力发展智慧养老

大部分老年人倾向于社区和居家养老，而早年建造的很多住宅在设施功能上并没有考虑到养老的需要，所以只要住宅的适老化改造成本整体低于新建养老机构成本，那么就是值得进行的。适老化改造包括楼梯、走廊、家里厨厕设计、门框宽度等诸多细节，可倡导市场化机制，将适老化改造项目通过招投标形式，交由相关资质企业以更高效率、更专业化的改造方案来完成此项工作。

另外，"互联网 +" 智慧养老能有效降低养老成本，也能在一定程度上优化适老化改造设计，是养老服务的必然发展趋势，有着巨大的发展空间和机遇。因此，大力发展智慧养老，由点及面，由易到难，由低级到高级，逐步实现智慧养老全覆盖十分必要。

(5) 推进医养结合，不断提升服务质量

首先，由于医疗保健是大部分老年人的迫切需要，大力推进医养结合，将医疗保健服务以便捷的方式与社区和居家养老、机构养老相结合就显得尤为重要。因此，应不断加强社区医院、社区病房、家庭病床等建设，加强养老机构

和医疗机构的联系合作，尽快实现医养结合。

其次，从目前的情况来看，无论何种养老方式，大多数仅限于满足老人的物质需求，忽略了老人的精神需要，导致部分老人有一种老来无用的失落感，所以，机构养老的发展思路需要由单一的“老有所依，老有所养”向“老有所乐，老有所为”延伸。第一，机构内部要为入住老人配备电视、电话，有条件的可设置计算机室、老年活动中心等设施，定期开展丰富多彩的文体活动，如书画展、读书交流等，丰富老人的业余生活；并由老龄办及社会团体牵头组织，以区县为单位，成立老年兴趣协会，将有共同爱好的老人组织起来，定期在不同的养老机构之间进行社团活动，充分照顾到失能老人的文娱需求；此外，还可以机构为单位组织才艺比拼，如健身操、棋弈等活动，加强机构间交流。第二，养老机构可与老人原工作单位建立合作，不定期开展“回娘家”“学术、技术交流”等活动，老人可就其中典型问题以不定期讲座、实地示范的形式传授给新人，依据以往经验解决原单位生产、工作难题，发挥余热，充实生活。第三，建立低龄老人志愿者团队，由低龄照顾高龄，自理者照顾不能自理老人，开展谈心送温暖活动，并将低龄老人的志愿活动时间进行储蓄，其在进入高龄时期可支配使用。第四，养老机构在老人入住前建立生日档案，通过在老人生日期间举办生日聚会，过年过节举办团拜会等一系列活动，给老人送去真挚的祝福，增强老人的亲情感和归属感，使养老机构真正成为“老人之家”。

最后，针对社区和居家养老、机构养老分别建立养老服务质量监控指标体系，从多方面规范养老服务设施建设、养老服务行为，使老年人能得到高质量的养老服务。

（6）关注特殊群体，完善保障性住房养老服务体系建设

目前，保障性住房接纳的主要是低收入群体，由于经济力量的限制，低收入群体进入老年后，入住收费较高的民营养老院会面临很大的压力，所以，更大比例的低收入群体会选择社区和居家养老。因此，在建造保障性住房社区时需要考虑到这种需求，在规划设计时，除严格按照国家一般规定，还应注意进行潜伏设计，在人均养老面积上应提高要求，以备将来低收入群体进入老年后对社区养老的大量集中需求。

(7) 夯实基础保障，提升交通和生态环境软实力

交通便利是京津老年人异地选择养老机构的一个重要的参考指标，交通便利，方便老年人回家或子女探望，更方便老年人急救。所以，河北省承接京津老人的养老机构选址需要考虑交通是否便利这一重要因素。京津冀应加速交通网络的构建：在“加密一网、突出二轴、协调三中心和建设四系统”的基本思路下，积极加密都市圈交通网络，构筑区域综合运输体系，重点建设京津冀城际铁路客运专线和京津冀高速公路多通道，进一步缩短通勤时间；建立以雄安新区、保定、廊坊、唐山、沧州、承德、张家口等地为节点的交通枢纽网络，与石家庄中心网络相贯通，同时发挥承接作用，将河北省南北有效连接起来；同时，河北省南部地区的邢台市、衡水、邯郸等地可依赖石家庄、保定的运输网络，通过建设高速路、城际铁路等满足人们快速出行的要求。

雾霾严重是近年来华北地区的一大污染现象，尤其是河北省更甚。而空气清新、环境优美是人们的健康追求，所以，治理雾霾、开展环境整治、加强生态环境建设是河北省养老机构增强吸引力、承接京津养老服务功能的必要举措。三地应紧密合作，就雾霾治理达成共识，并切实落实相关政策规定，还人们以健康的生存环境。另外，养老机构还应注重养老院内环境景观的营造，使老年人能生活得更舒心。

(8) 未雨绸缪，探索建立长期护理保险制度

为缓解失能半失能老年人养老护理家庭的经济压力，应探索建立长期护理保险制度。目前，我国青岛等地已开始试点。京津冀高龄老人、失能半失能老人数量也会越来越大，护理压力与日俱增，而护理费用却没有长效保障机制。所以，探索建立符合中国国情的长期护理保险制度是十分必要的。

参考文献

[1]E. Henriksen, G. Selander, U. Rosenqvist. Can we bridge the gap between goals and practice through a common vision? A study of politicians and managers' understanding of the provisions of elderly care services[J]. Health Policy 2003(65):129-137.

[2]Cristiano GoriPhD. Home care in Italy:a system on the move, in the opposite direction to what we expect[J]. Health and Social Care in the Community(2012)20(3),255-264.

[3]Soichi Koike, Yuji Furui. Long-term care-service use and increases in care-need level among home-based elderly people in a Japanese urban area [J]. Health Policy 2013(110)94-100.

[4]Grudinschi, D., Kaljunen, L., et al. Management challenges in cross-sector collaboration:elderly care case study[J]. The Innovation Journal:The Public Sector Innovation Journal,2013,18(2):1-22.

[5]Radermacher, H., Karunarathna, Y., et al. Parter or perish? Exploring inter-organizational partnerships in the multicultural community aged care sector[J]. Health and Social in the Community,2011,19(5):550-560.

[6]Doniol-Shaw, G., Lada, E. Work schedules of home care workers for the elderly in France:Fragmented work, deteriorating quality of care, detrimental health impact[J]. Work,2011,40 Suppl:S31-S46.

[7]Habibullab Ansari. Who cares for the extremely disabled elderly? An examination

of their condition in rural Bihar. Indian[J]. Journal of Gerontology,2015, 29(3):307-321.

[8]Anderson, J. , Malone, L. Suitability of the multi-purpose service model for rural and remote communities of Australia[J]. Asia Pacific Journal of Health Management,2014,9:14-18.

[9]Andrew J Cherlin. Public and Private Families[M]. McGraw-Hill,1996.

[10]Liu K, Manton K G, Aragon C. Changes in home care use by disabled elderly persons:1982—1994[J]. Journal of Gerontology:Social Science,2000,55B(4): 245-253.

[11]Biedenharn P, Normoyle J. Elderly community residents reactions to the nursing home:an analysis of nursing home-related beliefs[J]. The Gerontologist,1991, 31(1):107-115.

[12]Iwamoto, Miyuki, Kuwahara, Noriaki, et al. A study on effect of media therapy for the elderly with dementia to nursing care quality, Universal Access in Human-Computer Interaction[J]. Aging and Assistive Environments Volume 8515 of the series Lecture Notes in Computer Science , (2014)266-277.

[13]Donnison D. V. The Government of Housing[M]. Harmondsworth:Penguin,1967.

[14]Lund B. Understanding Housing Policy[M]. Bristol:Policy Press,2006.

[15]Kain J F. Housing Segregation, Negro Employment, and Metropolitan Decentralization[J]. Quarterly Journal of Economics, (1968)82.

[16]Ostendorf W. S. S. Musterd, et al. Social and the neighborhood effect:Policy ambitions and empirical evidence[J]. Housing Studies, (2001)3.

[17]Johnson M. P. Single-Period Location Model for Subsidized Housing:Project-Based Subsides[J]. Socio-Economic Planning Science, (2006)40.

[18]Musterd S. R. Anderson. Housingmix, socialmix, and social opportunities[J]. Urban Affairs Review, (2005)6.

[19]Bramley G. Karley NK. How much extra affordable housing is needed in England? [J]. Housing studies,2005.

[20] 阎卡琳．发展老年保险和老年服务事业是控制我国人口增长的战略性措施——兼论“生小”与“养老”一起抓 [J]．人口学刊，1982(5).

[21] 赵树桐．论孤老户责任服务网的建立、基本内容及其作用 [J]．老年学杂志，1986(2).

[22] 桂世勋．银色浪潮中的一个重大社会问题——关于独生子女父母年老后生活照顾问题的对策与建议 [J]．社会科学，1992(2).

[23] 桂世勋．构建广义的老年人照料体系——以上海市为例 [J]．人口与发展，2008(3).

[24] 熊巍俊．论我国人口老龄化下的社会养老问题 [J]．人口学刊，1994(4).

[25] 罗德启．世纪之交的老龄居住问题 [J]．建筑学报，1996(1).

[26] 穆光宗．中国传统养老方式的变革和展望 [J]．中国人民大学学报，2000(5).

[27] 王辅贤．社区养老助老服务的取向、问题与对策研究 [J]．社会科学研究，2004(6).

[28] 王素英．中国社会养老服务体系建设现状及发展思路 [J]．社会福利，2012(9).

[29] 董红亚．我国社会养老服务体系的解析和重构 [J]．社会科学，2012(2).

[30] 刘晓静，张继良．中国养老服务体系建设的理念、路径及对策 [J]．河北学刊，2013(2).

[31] 魏文斌，李永根，高伟江．社会养老服务体系的模式构建及其实现路径 [J]．苏州大学学报（哲学社会科学版），2013(2).

[32] 唐钧．中国老年服务的现状、问题和发展前景 [J]．国家行政学院学报，2015(3).

[33] 景天魁．老龄化社会可以建设成为活力社会 [J]．探索与争鸣，2015(8).

[34] 穆光宗．人口老龄化再认识及对养老服务业发展规划的建议 [J]．社会治理，2015(11).

[35] 宏观经济研究员课题组．“十三五”养老服务体系建设投资问题分析与建议 [J]．宏观经济管理，2016(3).

[36] 王培培，李文．PPP 模式下社会养老服务体系建设的创新与重构 [J]．理论月刊，2016(8).

[37] 王武林，陈瑶．城市社区养老服务需求状况及影响因素 [J]．中国老年学杂志，2016(23).

[38] 田奇恒，孟传慧．城镇空巢老人社区居家养老服务需求探析——以重庆市某新区为例 [J]．南京人口管理干部学院学报，2012(1).

[39] 王莉莉．基于“服务链”理论的居家养老服务需求、供给与利用研究 [J]．人口学刊，2013(2).

[40] 王裔艳．上海居家养老服务的供给、购买与决策:以“福利轮”为分析视角 [J]. 华东理工大学学报,2015(4).
[41] 童星．发展社区居家养老服务以应对老龄化 [J]. 探索与争鸣,2015(8).
[42] 潘峰,宋峰．“互联网 +”社区养老:智能养老新思维 [J]. 学习与实践,2015(9).
[43] 石刚,李子平．社区智能养老服务系统构建研究 [J]. 电子政务,2015(4).
[44] 李晓珊．居家养老模式下的智能产品设计研究 [J]. 包装工程,2015(6).
[45] 廖鸿冰,李斌．社会工作介入社区居家养老服务研究 [J]. 湖南社会科学,2014(6).
[46] 高莹．城市社区居家养老服务的社会工作介入研究——以 C 市 H 社区为例 [D]. 长春:吉林大学,2012.
[47] 潘昱君,孔凡飞．论专业社工介入社区居家养老——社区服务模式创新的探索 [J]. 才智,2016(1).
[48] 刘焕明,蒋艳．社区居家养老为老服务模式探析 [J]. 贵州社会科学,2015(11).
[49] 周敏．论我国居家养老服务的产业化之路——兼谈政府、市场及家庭的职能定位 [J]. 社会保障研究,2015(1).
[50] 李丽君．社会治理视角下的社区养老服务模式探析 [J]. 兰州学刊,2015(7).
[51] 陈为智．当前社区居家养老服务中的关键问题反思及前瞻 [J]. 西北人口,2016(3).
[52] 丁建定．居家养老服务:认识误区、理性原则及完善对策 [J]. 中国人民大学学报,2013(2).
[53] 席恒,任行,翟绍果．智慧养老:以信息化技术创新养老服务 [J]. 老龄科学研究,2014(7).
[54] 陈爱如,卫文凯．我国老年人养老机构适应性问题研究 [J]. 统计与决策,2017(1).
[55] 程亮．医养融合:养老机构发展新路径探究 [J]. 中州学刊,2015(4).
[56] 蔡玲．以改革创新推动京津冀养老服务协同发展 [J]. 经济与管理,2017(1).
[57] 辜胜阻,王建润,吴华君．京津冀协同发展中的人口问题研究 [J]. 经济与管理,2017(1).
[58] 马艳林,李艳杰,张贵祥．家庭结构变迁视角下都市圈养老一体化模式分析——以京津冀地区为例 [J]. 商业经济研究,2015(6).
[59] 李怀．加快京津冀都市圈医疗养老产业相互融合、协同发展 [N]. 廊坊日报,2014-03-11.

[60] 郭林,张亚飞. 中国民间资本参与养老服务体系建设的变迁与重构 [J]. 学术论坛,2014(4).

[61] 林闽钢,梁誉. 准市场视角下社会养老服务多元化筹资研究 [J]. 中国行政管理,2016(7).

[62] 袁维勤. 政府购买养老服务问题研究 [D]. 重庆:西南政法大学,2012.

[63] 陈元刚. 我国城镇社区养老服务体系构建研究 [M]. 北京:光明日报出版社,2016.

[64] 张文宏. 养老服务的社会组织与管理 —— 上海经验 [M]. 桂林:广西师范大学出版社,2014.

[65] 杨翠迎,郑春荣. 国际社会保障动态 —— 社会养老服务体系建设 [M]. 上海:上海人民出版社,2014.

[66] 李放,张娜,沈苏燕. 农村社会养老服务的需求与发展路径研究 [M]. 北京:科学出版社,2016.

[67] 文魁,祝尔娟. 首席专家论京津冀协同发展的战略重点 [M]. 北京:首都经济贸易大学出版社,2015.

[68] 蒋秋桃. 公办的进不去,民办的住不起 用多样化方式化解我国养老困局 [J]. 人民论坛,2015(3) 下.

[69] 王章安. 机构养老服务标准体系的研究现状与展望 [J]. 中国老年学杂志,2015(5).

[70] 程启智,罗飞. 中国公办养老机构改革改制路径选择 [J]. 河北经贸大学学报,2016(2).

[71] 董红亚. 养老机构公建民营:发展、问题及规制 [J]. 中州学刊,2016(5).

[72] 丁华,徐永德. 养老机构服务质量管理 [J]. 中国老年学杂志,2014(1).

[73] 黄俊辉,李放,赵光. 农村社会养老服务需求评估 —— 基于江苏 1051 名农村老人的问卷调查 [J]. 中国农村观察,2014(4).

[74] 张国平. 农村老年人居家养老服务的需求及其影响因素分析 —— 基于江苏省的社会调查 [J]. 人口与发展,2014(2).

[75] 王振军. 农村社会养老服务需求意愿的实证分析 —— 基于甘肃 563 位老人问卷调查 [J]. 西北人口,2016(1).

[76] 王俊文,杨文. 我国农村养老服务需求现状及对策研究 —— 基于江西赣州的调查 [J]. 江西社会科学,2014(9).

[77] 吉鹏,李放．江苏省农村社会养老服务供给机制创新 [J]．中国老年学杂志,2015(20)．

[78] 杨成波．农村居家养老服务供给模式和对策建议 [J]．农业经济,2015(11)．

[79] 夏玉珍,徐大庆．项目制下我国农村养老服务供给体制创新研究 [J]．广西社会科学,2015(2)．

[80] 王飞鹏,王君玲,林琴波．农村空巢老人的养老困境及对策研究——以重庆市潼南县Z村调查为例 [J]．西北人口,2013(1)．

[81] 彭金玉．农村空巢老人社会化养老服务体系研究——基于诸暨市的实证分析 [J]．人民论坛,2013(1)．

[82] 于颖,侯丽媛,蒋梓淇．农村空巢老人养老服务供给中乡镇政府职能的研究述评及启示 [J]．北京化工大学学报（社会科学版）,2015(4)．

[83] 谢启文,王丹,康雅馨．农村养老服务机构中五保老人之增权介入刍议 [J]．南方农业,2012(2)．

[84] 秦俭．农村养老服务机构面临的困境及发展对策 [J]．重庆科技学院学报（社会科学版）,2014(10)．

[85] 姜彦国．加强我国农村养老服务机构建设的对策探讨 [J]．行政与法,2011(3)．

[86] 包先康．农村养老服务协同供给模式建构研究 [J]．社会科学辑刊,2016(5)．

[87] 张举国．“一核多元”:元治理视域下农村养老服务供给侧结构性改革 [J]．求实,2016(11)．

[88] 于水,李波．度普惠型福利社会地方政府购买养老服务策略研究 [J]．广西社会科学,2015(9)．

[89] 李长远．我国政府购买居家养老服务模式比较及优化策略 [J]．宁夏社会科学,2015(3)．

[90] 倪东生,张艳芳．养老服务供求失衡背景下中国政府购买养老服务政策研究 [J]．中央财经大学学报,2015(11)．

[91] 邹蕴涵．养老服务政府采购规模测算与政策建议 [J]．宏观经济管理,2016(3)．

[92] 姜宏青,高伟霞．政府购买养老服务的交易价格计量创新 [J]．财会通讯,2015(19)．

[93] 章晓懿．政府购买养老服务模式研究:基于与民间组织合作的视角 [J]．中国行政管理,2012(12)．

[94] 徐志立,王红霞．北京社区养老信息化建设构想 [J]．电子政务,2015(12).

[95] 郭淑婷．福利多元主义视角下北京居家养老服务模式分析 [J]．劳动保障世界,2016(17).

[96] 张汝立,隗苗苗,许龙华．凭单制购买养老服务中的问题与成因 —— 以北京市养老服务券政策为例 [J]．北京社会科学,2012(3).

[97] 孙继艳,郝晓宁,薄涛．北京市失能老人社区照顾现状及需求分析 [J]．中国卫生政策研究,2016(11).

[98] 赵怡冰．社区老年人日间照料中心设计研究 [D]．北京:北京工业大学,2014.

[99] 姜向群,郑研辉．社区养老服务的供需失衡问题及对策研究 —— 以北京市为例 [J]．社会建设,2015(7).

[100] 李倩．我国城市老年人网络化居家养老服务模式探究 —— 以北京市 QN 社区为例 [D]．北京:中国社会科学院研究生院,2013.

[101] 余杰, Mark W.Rosenberg,程杨．北京市老年人居家养老满意度与机构养老意愿研究 [J]．地理科学进展,2015(12).

[102] 颜秉秋．城市养老设施配置的微观模拟与规划政策分析 —— 以北京市为例 [J]．地理科学进展,2015(12).

[103] 陶卓霖,程杨,戴特奇等．基于公平最大化目标的 2020 年北京市养老设施布局优化 [J]．地理科学进展,2015(12).

[104] 席晶,程杨．北京市养老机构布局的时空演变及政策影响 [J]．地理科学进展,2015(9).

[105] 尹德挺．北京养老机构数字调查 [J]．北京观察,2016(5).

[106] 尚珂,栗智慧．北京市养老机构发展问题研究 [J]．中国劳动,2015(22).

[107] 张华,韩琳琳,孔子逸．北京市养老服务机构的分布及其影响因素 [J]．吉林广播电视大学学报,2012(7).

[108] 郭全中．养老院违规经营不能成为监管盲区 [J]．小康,2016(3).

[109] 赵雪伶．北京市养老护理员的专业化程度研究 [D]．北京:首都经济贸易大学,2015.

[110] 商果．当前北京市农村家庭养老问题与解决的办法 [J]．北京社会科学,2002(3).

[111] 马泽春．京郊农村养老服务的困境与出路 [J]．社会工作下半月 (理论),2008(2).

[112] 米峙．农村独生子女家庭父母的养老问题研究 —— 以北京市为例 [J]．内蒙古财经学

院学报,2010(5).

[113] 包路林．推进养老服务业发展的政策保障措施——以北京市郊区县发展养老服务业为例 [J]. 北方经济,2015(11).

[114] 张英洪,刘妮娜．以法治建设应对农村人口老龄化——北京市农村劳动力老龄化问题调研报告 [J]. 湖南警察学院学报,2015(4).

[115] 王璐．北京市多元养老服务模式研究——基于H镇的实证分析 [D]. 北京:华北电力大学,2015.

[116] 张栋．北京市老年人养老方式意愿及影响因素分析 [J]. 调研世界,2016(8).

[117] 陶涛,丛聪．老年人养老方式选择的影响因素分析——以北京市西城区为例 [J]. 人口与经济,2014(3).

[118] 谈玲芳．多元需求视角下北京市养老服务人才需求研究 [J]. 北京劳动保障职业学院学报,2015(3).

[119] 张晓亚．北京市养老服务供需问题研究 [D]. 北京:北京交通大学,2016.

[120] 王红．老年人社会服务需求、供给及利用情况分析——以北京市西城区为例 [J]. 北京交通大学学报(社会科学版),2015(1).

[121] 李金娟．城市公共服务水平亟待提升——破解北京养老照顾困境的实现路径 [J]. 城市管理与科技,2014(2).

[122] 延婧．话说北京的养老与标准 [J]. 标准生活,2013(9).

[123] 卢新．探索完善北京市养老服务体系 [J]. 前线,2015(9).

[124] 谢芳芳,杨鹏宇,张俊．北京市养老科技服务创新研究 [J]. 中国市场,2015(31).

[125] 彭嘉琳．北京养老服务标准化为老年人做实事 [J]. 标准生活,2013(9).

[126] 安然,王小春,刘志琴．社区居家养老服务的障碍与完善路径——以天津五社区为例 [J]. 中国集体经济,2011(22).

[127] 陈小进．老年社区建设项目评价研究 [D]. 天津:天津大学,2013.

[128] 文太林,张孟瑶．天津市居家养老服务的现状及发展策略 [J]. 天津经济,2014(9).

[129] 张雪筠．天津市老年人居家养老服务需求及满意度研究 [J]. 社会福利,2014(10).

[130] 国家统计局天津调查总队课题组．关于天津市养老机构发展和入住老人生活状况的调查报告 [J]. 求知,2015(2).

[131] 卞国凤．浅谈民办养老机构老年社会工作职能缺失困境——以天津市民办养老机构服务现状为例 [J]．未来与发展,2014(8).
[132] 祝向军,董琳．天津市机构养老状况调查 [J]．天津社会保险,2011(2).
[133] 李友得．天津市养老机构发展趋势研究 [J]．学理论,2013(31).
[134] 王庆．天津市养老机构康复服务现状研究 [J]．卫生职业教育,2014(17).
[135] 赵婷婷．我国城镇养老服务机构的问题研究 [D]．天津:南开大学,2013.
[136] 陈静．养老机构发展的瓶颈问题及其化解探析——以天津市为例 [J]．社科纵横,2012(10).
[137] 王丽娟．以天津市为例的养老院户外环境设计研究 [D]．天津:天津科技大学,2013.
[138] 刘畅．农村城镇化发展过程中的养老问题研究——以天津市华明镇为例 [J]．城市,2013(5).
[139] 路瑜．城市化进程中的大城市郊区农村老年人养老支持研究——以天津市为例 [D]．天津:南开大学,2014.
[140] 杨健,张金峰．高度老龄化地区养老服务探索及发展策略研究——以天津市为例 [J]．西北人口,2016(4).
[141] 中共天津市委党校第 98 期进修一班“社会建设问题研究”课题组．天津市养老服务状况调研报告 [J]．求知,2016(8).
[142] 王芃,王庆,杜美婷,等．天津市养老服务现状及老年护理人才培养对策 [J]．中国老年学杂志,2016(9).
[143] 天津市民政局．天津养老服务的成功探索 [J]．社会福利,2013(8).
[144] 马蔚姝．天津市基本医疗保险制度公平性评价 [J]．中国卫生政策研究,2016(7).
[145] 杜菲菲．天津市养老服务研究 [D]．天津:天津大学,2013.
[146] 曹钧．天津市养老服务业发展的经济财政对策研究 [D]．天津:天津大学,2010.
[147] 张小燕,李静思,吴兵．居家养老服务需求现状的调查报告——以河北省保定市为例 [J]．中国市场,2012(8).
[148] 陈玉娟,李立,李壮志,等．石家庄市老年人居家养老服务需求与对策 [J]．中国老年学杂志,2013(2).
[149] 向平萍．社区资源整合与适度普惠型养老服务体系建设——以唐山市为例 [J]．人民

论坛,2014(5).
[150] 张金峰,常亚婷. 城市养老服务社会化路径探析——以河北省张家口市为例 [J]. 地方财政研究,2015(3).
[151] 魏民,邢凤梅,李颖,等. 社区老年人居家养老选择现状及影响因素分析 [J]. 中国公共卫生,2016(9).
[152] 王芳. 福利多元主义视角下的河北省社会养老机构建设探析 [J]. 国土与自然资源研究,2015(4).
[153] 郭宇畅,郭晨晓. 京津冀一体化背景下河北省养老机构发展机遇探讨 [J]. 劳动保障世界,2016(33).
[154] 夏敬哲. 河北省农村居家养老服务需求研究 [D]. 石家庄:河北经贸大学,2012.
[155] 付亮. 河北省农村机构养老服务发展对策研究 [D]. 株洲:中南林业科技大学,2014.
[156] 李超. 农村养老服务供给现状、问题及对策分析——以河北省为例 [J]. 老龄科学研究,2014(4).
[157] 成瑶. 河北省农村养老服务供求现状与发展对策研究 [D]. 保定:河北大学,2016.
[158] 李秀芳,刘建军,张素荣,南金花. 河北省农村"空巢老人"社会养老服务体系存在的问题及对策建议 [J]. 产业与科技论坛,2015(12).
[159] 杨勇刚,董芳. 河北省发展农村养老服务对策研究——以邢台市农村为表述对象 [J]. 经济研究参考,2014(52).
[160] 周梦冉,刘亚丽. 老龄化背景下河北省农村养老模式探索 [J]. 产业与科技论坛,2015(22).
[161] 宋凤轩,崔达. 农村多元化养老服务体系构建研究——以河北省为例 [J]. 经济论坛,2015(6).
[162] 邱红洁,赵禹,马一程. 京津冀一体化背景下河北省农村养老状况调查研究 [J]. 医学研究与教育,2015(12).
[163] 郭雯. 河北省社会养老服务的供求矛盾与对策研究 [D]. 保定:河北大学,2015.
[164] 赵艳华. 河北省需求结构转变下养老服务供给模式创新研究 [J]. 产业与科技论坛,2015(24).
[165] 刘艳娥. 河北省养老服务社会化发展存在的问题及对策研究 [D]. 石家庄:河北经贸大

学,2015.
[166] 张蕾蕾．河北省养老服务社会化研究 [D]．石家庄:河北师范大学,2014.
[167] 郜宇红．河北省养老服务体系建设问题研究 [D]．株洲:中南林业科技大学,2014.
[168] 刘静．河北省养老服务体系研究 [D]．唐山:河北联合大学,2015.
[169] 王霏怡．河北省城镇居民养老服务体系运行现状与对策研究 [D]．保定:河北大学,2015.
[170] 李欣．河北省养老产业的发展问题研究 [D]．石家庄:河北经贸大学,2015.
[171] 孙伊凡．河北省支持社会养老服务业发展的财政政策:进展与方略 [J]．河北学刊,2015(1).
[172] 许连颖．发展现代老年服务业 打造京津养老“后花园” [J]．廊坊师范学院学报(社会科学版),2014(3).
[173] 任兰兰,韩竟瑶,郭丹云．京津冀城市社区居家养老服务比较与借鉴 [J]．合作经济与科技,2014(15).
[174] 刘莉．京津冀养老服务体系协同构建设计 [J]．合作经济与科技,2014(11).
[175] 孙健夫,戴璐玮．京津冀养老服务业协同发展的环境、目标与原则 [J]．经济研究参考,2015(63).
[176] 谷彦芳,赵怡然,王军．疏解北京非首都功能背景下的河北养老服务业发展策略 [J]．经济论坛,2015(2).
[177] 马艳林,李艳杰,张贵祥．家庭结构变迁视角下都市圈养老一体化模式分析 [J]．商业经济研究,2015(6).
[178] 董丽锐．京津冀地区养老服务业协同发展研究 [J]．经营管理者,2016(8).
[179] 辜胜阻,王建润,吴华君．京津冀协同发展中的人口问题研究 [J]．经济与管理,2017(1).
[180] 蔡玲．以改革创新推动京津冀养老服务协同发展 [J]．经济与管理,2017(1).
[181] 韩冰,毛程连．保障性住房建设的新构想与财政对策 [J]．中国行政管理,2012(11).
[182] 章鸿雁．上海、广州住宅适老化改造实践研究 [J]．中国房地产,2016(9).
[183] 谭建,程珑语．四川地区多层既有住宅适老化改造 —— 套内户型设计 [J]．四川建筑,2015(6).

[184] 严荣,江莉,王晓芳．探索保障性养老住房——基于上海的分析 [J]. 中国房地产,2013(12).
[185] 潘彤．养老社区纳入政府保障性住房建设体系研究 [J]. 改革与战略,2012(5).
[186] 魏继谦,刘天庆,宗凯．保障性住房适老概念的植入 [J]. 四川建筑,2012(5).
[187] 何微丹,刘玉亭．国内外城市保障性住房及其住区建设特征对比 [J]. 规划师,2014(12).
[188] 王方兵,吴瑞君,桂世勋．老龄化背景下国外老年人住房发展及经验对上海的启示 [J]. 兰州学刊,2014(11).
[189] 肖聚贤．老年人居住建筑适老化设计研究——以机构养老建筑设计为例 [D]. 昆明:昆明理工大学,2013.
[190] 郭士征,张腾．中国住房保障体系构建研究——基于“三元到四维”的视角 [J]. 广东社会科学,2010(6).
[191] 陈琳,丁烈云,谭建辉,等．低收入家庭住房需求特征与住房保障研究——来自广州的实证分析 [J]. 中国软科学,2010(4).
[192] 王克群．推进保障性住房建设与管理对策 [J]. 中国发展观察,2011(9).
[193] 王启富,史斌,谢国光．当前保障性住房建设与管理存在的问题及对策 [J]. 三江论坛,2011(11).
[194] 宋伟轩．大城市保障性住房空间布局的社会问题与治理途径 [J]. 城市发展研究,2011(8).
[195] 李允．中国大都市保障性住房政策实施的困境与出路分析 [D]. 长春:吉林大学,2012.
[196] 巴曙松．中国保障性住房进入退出机制研究 [J]. 金融理论与实践,2012(11).
[197] 林梅．中国保障性住房建设面临的困境及路径选择 [J]. 中共中央党校学报,2012(4).
[198] 高举．我国保障性住房模式优选探析 [J]. 现代经济信息,2012(11).
[199] 程大涛,吕筱萍．中国保障性住房建设研究 [M]. 北京:中国社会科学出版社,2013.
[200] 张占斌,李万峰,费友海,等．中国城镇保障性住房建设研究 [M]. 北京:国家行政学院出版社,2013.
[201] 曹伊清．保障性住房的后续管理问题及其解决途径 [J]. 城市问题,2013(6).
[202] 陕西省审计学会课题组（王毅）. 保障性住房建设管理的对策研究 [J]. 现代审计与经

济,2013(2).

[203] 何元斌．保障性住房建设的理论、实践与制度创新研究 [J]. 北京:经济科学出版社,2014.

[204] 郭俊胜．厦门市社会保障性住房制度的一些特点 [J]. 住房保障,2007(2).

[205] 周素红,程璐萍,吴志东．广州市保障性住房社区居民的居住 —— 就业选择与空间匹配性 [J]. 地理研究,2010(10).

[206] 高业铭．保障性住房建设与社会认同体系的建构 —— 以长春市为视角 [J]. 行政与法,2012(1).

[207] 高波．保障性住房小区规划设计 —— 以岳阳市房地产管理局城陵矶保障房小区 [J]. 科技视界,2012(9).

[208] 师武军,翟坤．天津滨海新区保障性住房规划建设实践探索 [M]. 北京:中国建筑工业出版社,2013.

[209] 巴曙松,王志峰．资金来源、制度变革与国际经验借鉴:源自公共廉租房 [J]. 改革,2010(3).

[210] 陈喆,赵嘉柯,李翔,等．保障性住房的规划与设计 [M]. 北京:化学工业出版社,2014.

[211] 姜秀娟,郑伯红．谈国外及香港地区保障性住房对我国的启示 [J]. 城市发展研究,2011(3) .

[212] 吴国培．国外保障性住房建设的若干经验 [J]. 中国金融,2011(18) .

附　录

社区和居家养老服务调研问卷

调研地区:__________市（县）__________区（镇）__________社区（村）

(　　) 1. 您的年龄?

A. 50 ~ 60 岁　　B. 60 ~ 70 岁

C. 70 ~ 80 岁　　D. 80 岁以上

(　　) 2. 您的性别?

A. 男　　B. 女

(　　)3. 您所在的社区,目前有无社区养老服务机构（包括日间照料中心、社区养老院、社区老年服务中心、医疗保健等卫生服务中心等，有的是居委会主办，有的是个人主办）?

A. 有　　B. 无（若无，请跳过第 4 ~ 7 题）

(　　) 4. 您所在的社区，目前若有社区养老服务机构，请问具体名称:

____

该机构提供哪些服务? ____________________

A. 家政服务（如洗衣做饭、打扫卫生、买菜购物、洗澡穿衣、陪同外出等）

B. 社区老年食堂用餐、送餐

C. 医疗保健（常见病护理，如感冒、发烧等）

D. 日托服务

E. 紧急服务

F. 休闲娱乐活动场地（如老年活动中心、棋牌室、阅览室等）

G. 心理护理（心理开导、如何教育第三代指导等）

H. 身体锻炼保健指导（如太极健身指导、常见病保健指导、养生指导等）

I. 老年人学习培训（如老年电大等）

J. 其他

（　　）5. 是否只针对老年人提供服务？

A. 是　　　　　　　　　　B. 否

（　　）6. 这些服务项目是否收费？

A. 部分收费（收费的项目有：________________________________）

B. 全部收费

C. 全部免费

（　　）7. 对于服务项目收取的费用，您觉得大体上__________？

A. 太高，不合理，支付不起　　　　B. 太高，合理，支付不起

C. 较高，合理，支付得起　　　　D. 基本合理，也支付得起

E. 太低

（　　）8. 您觉得自己日常生活中急需哪些养老服务帮助？（请在需要程度上直接打“√”）

类别	服务项目	目前您对这些服务的需求程度
入户服务	1. 打扫洗衣	特别需要□ 一般□ 不太需要□
	2. 做饭做菜	特别需要□ 一般□ 不太需要□
	3. 送饭送菜	特别需要□ 一般□ 不太需要□
	4. 送医送药	特别需要□ 一般□ 不太需要□
	5. 理发洗澡	特别需要□ 一般□ 不太需要□
	6. 陪同聊天	特别需要□ 一般□ 不太需要□
	7. 介绍保姆	特别需要□ 一般□ 不太需要□
	8. 社区老年食堂用餐、送餐	特别需要□ 一般□ 不太需要□
	补充：	

续表

类别	服务项目	目前您对这些服务的需求程度
康复照料	9. 陪同就医	特别需要□ 一般□ 不太需要□
	10. 住院陪床	特别需要□ 一般□ 不太需要□
	11. 康复期间护理	特别需要□ 一般□ 不太需要□
	补充：	
社区活动	12. 老年大学	特别需要□ 一般□ 不太需要□
	13. 茶话会	特别需要□ 一般□ 不太需要□
	14. 户外运动	特别需要□ 一般□ 不太需要□
	15. 心理疏导	特别需要□ 一般□ 不太需要□
	16. 健康讲座与咨询（常见病保健、养生等）	特别需要□ 一般□ 不太需要□
	17. 一帮一，结对子	特别需要□ 一般□ 不太需要□
	18. 紧急情况援助，如爱心门铃，红丝带	特别需要□ 一般□ 不太需要□
	19. 助听、复明、镶牙	特别需要□ 一般□ 不太需要□
	20. 计算机网络学习	特别需要□ 一般□ 不太需要□
	21. 法律咨询援助	特别需要□ 一般□ 不太需要□
	22. 日托服务	特别需要□ 一般□ 不太需要□
	23. 休闲娱乐活动场地（如老年活动中心、棋牌室、阅览室等）	特别需要□ 一般□ 不太需要□
	补充：	

（　　）9. 如果社区或居委会 / 街道提供您所急需的几种服务，您在享受这些服务时，是否愿意出一部分资金？

A. 愿意（如果愿意，比例为：______________________）

B. 不愿意（如果不愿意，理由：________________________________）

（　　）10. 如果社区或居委会 / 街道为您家安装紧急呼叫系统或可视全天监护系统，以便随时了解您在家的身体状态，您是否愿意出一部分资金？

A. 愿意　　　　　　　　　　B. 不愿意

（　　）11. 您对目前养老体系和设施建设的现状。

A. 满意　　　　　　　　　　B. 比较满意

C. 一般　　　　　　　　　　D. 较不满意

E. 很不满意

12. 您对目前的养老服务方面还有什么建议或意见？

____

____

机构养老服务调研问卷（针对机构负责人）

调研地区：__________省__________市__________养老院

1. 贵机构是下列哪类养老机构？

①公办　　②民办

③混合所有制　　④其他

2. 贵机构目前总共有______名工作人员，包括专业护理人员______人。

3. 贵机构目前总共有多少床位？（）

① 0 ~ 100 张　　② 100 ~ 200 张

③ 200 ~ 300 张　　④ 300 张以上

4. 贵养老院（中心）的目前入住老人数量：______人，与往年相比，有所增加还是有所减少？____________________

5. 贵养老院（中心）目前提供的服务包括（如日间照料、入住护理、餐饮服务等）：____

____

6. 贵养老院（中心）目前已经享受到哪些政府优惠政策（若享受了相关优惠政策，请在相应项目后面打"√"）？

包括：床位补贴（如有，为多少？______）、场地提供（　）、房屋租金优惠（　）、税收优惠（如有，具体包括______）、水电费优惠（　）、燃气费优惠（　）、宽带费优惠（　）、固定电话费优惠（　）、有线电视费优惠（　）、物业费优惠（　）、免费人员培训（　）

7. 在已有优惠政策落实过程中，存在什么具体问题或困难？

____

____

8. 贵老院（中心）还希望增加哪些优惠政策？

____

____

9. 贵机构招收的工作人员是否持证上岗?

①是　　②否

10. 工作人员在入职后还需要哪些再培训?（可多选）

①职业道德培训　　②护理技能培训

③急救知识培训　　④养老政策与法规培训

⑤其他

11. 是否为员工提供社会保险?

①是　　②否

12. 为员工提供哪些福利政策?

①提供定期的职业技能培训　　②提供带薪外出进修学习的机会

③提供职位晋升　　④其他

13. 贵机构与以下哪些企事业单位存在合作关系?

①企业　　②慈善机构及社会团体

③学校　　④医院

⑤没有

14. 您认为在同行业中贵机构在以下方面最有优势的三项?

①设施完善　　②社工服务

③环境优美　　④收费低

⑤交通便利　　⑥接受服务对象无限制

⑦政府扶持　　⑧其他

15. 贵养老院（中心）除了床位和基本餐饮设备外，还配备了其他设施设备吗? 如有，分别有:____________________

____

16. 贵养老院（中心）对老人首次入住贵机构有无资格要求或身体要求? 若有，是什么要求?

____

____

17. 贵养老院（中心）如何收费? 目前盈利状况如何? ____________

18 贵养老院（中心）目前觉得遇到的困难有哪些？亟待解决的最大困难是什么？

机构养老服务调研问卷（针对入住老人）

调研地区：__________省__________市__________养老院

一、基本情况

(　　) 1. 您的性别：

①男　　②女

(　　) 2. 您的年龄：

① 60 ~ 70 岁　　② 70 ~ 80 岁

③ 80 岁以上

(　　) 3. 您的文化程度？

①小学或以下　　②中学 / 中专

③高中 / 职专　　④大学 / 大专及以上

(　　) 4. 您退休前的职业？

①事业单位人员　　②企业人士

③务工人员　　④个体户或其他

二、个人意愿

(　　) 1. 您愿意选择的养老模式有哪些？（可多选）

①居家养老　　②居家式社区养老

③机构养老　　④以房养老

⑤乡村养老　　⑥异地养老

⑦合居养老　　⑧其他

(　　) 2. 您觉得老人需要的居住条件是什么？（可多选）

①安静整洁的环境　　②与人沟通方便

③活动场所宽阔　　④医疗设施齐备

⑤家政服务到位　　⑥交通、购物方便

⑦其他

(　　) 3. 您认为老年人的幸福是怎样的？（可多选）

①身体健康　　②儿女孝顺
③有稳定的经济来源　　④受到社会和家庭的尊重
⑤丰富的文化娱乐活动　　⑥能够继续发挥余热
⑦其他

(　　) 4. 您需要如下哪些社会服务?
①社区卫生服务中心　　②老年人服务热线和街道
③社区老年公寓　　④社区养老服务中心
⑤社区康复护理　　⑥家政料理
⑦聊天解闷　　⑧精神慰藉

(　　) 5. 如果您行动不便，您更接受哪种生活方式?
①与配偶居住　　②与儿女一起居住
③请保姆照顾　　④到养老院
⑤其他

三、居住状况

(　　) 1. 您目前所在养老机构的居住类型是什么？
①独栋别墅　　②联排别墅
③老年公寓　　④护理床位
⑤其他

(　　) 2. 您在养老机构居住了多长时间?
①半年以内　　②半年～1年
③1～2年　　④2～3年
⑤3～5年　　⑥5年以上

(　　) 3. 您之前的居住方式是怎样的?
①与配偶同住　　②与子女家庭同住
③一个人住　　④其他

(　　) 4. 您选择居住在这里的最重要理由是什么? (可多选)
①独居老人　　②空巢老人
③与子女生活习惯不一致　　④追求独立生活

⑤享受这里的环境和设施　　⑥其他

(　　) 5. 您目前入住的费用是由谁支付?

①自己之前的积蓄　　②使用个人养老金支付

③子女帮助支付　　④家里的房产抵押支付

⑤单位支付

(　　) 6. 您在养老机构每月支付的费用是多少?

① 500 元以下　　② 500 ~ 1000 元

③ 1000 ~ 1500 元　　④ 1500 ~ 3000 元

⑤ 3000 ~ 5000 元　　⑥ 5000 元以上

(　　) 7. 您的家人和朋友探望您的次数?

①一周 1 次　　②一周 2 ~ 4 次

③两周 1 次　　④一个月 1 次

⑤很少来

(　　) 8. 影响他们来看您的因素是什么?

①工作太忙　　②路程太远

③交通不便　　④其他

(　　) 9. 您的身体状况如何?

①无病，身体好　　②无大病，体质较差

③有病，但不影响行动　　④病重，行动不便

⑤病重，不能自理　　⑥残疾，不能自理

⑦高龄，不能自理　　⑧其他

(　　) 10. 您从入住以来有没有发生过意外事故？如果有，在哪里？（可多选）

①楼梯　　②卫生间

③起居室　　④室外活动空间

⑤走道　　⑥其他

( ) 11. 您在居住问题上最关注的是什么？（按重要性对以下选项进行排序）

①室内环境安全、安静、方便

②房间的日照、通风、隔热保温、隔音情况
③医疗护理设备齐全
④居住环境舒适宜人
⑤室外活动场地与活动设施齐全
⑥交流空间场所
⑦交通便捷
⑧其他

(　　) 12. 以下各项您认为哪个是养老机构的最大优点?
①和同龄人居住在一块儿容易沟通交流
②文化体育娱乐活动丰富
③有专业的医护人员的照顾
④避免和家人的争吵
⑤地理位置、自然环境好
⑥其他

(　　) 13. 您认为养老机构的最大缺点是什么?
①收费高　　②没有家庭温暖
③伙食差　　④卫生差
⑤老弱病残集中，产生压抑感　　⑥其他

(　　) 14. 您希望政府对养老院给予哪些支持?（多选）
①增加普通养老院，让更多老年人入住
②增加高档设施，提高档次
③增加投入，改善条件
④增加补贴，降低收费

15. 您对所在养老机构有什么建议?

____

____

16. 您认为如何提高老年人退休后的生活质量? 您有什么样的建议?

____

____

保障性住房社区养老服务需求调研问卷（针对社区居民）

调研社区:__________市__________社区 保障房类型:__________

一、社区老人的基本情况:

(　　) 1. 您的性别:

A. 男　　B. 女

(　　) 2. 您的年龄:

A. 60 ~ 65 岁　　B. 66 ~ 70 岁

C. 71 ~ 75 岁　　D. 76 ~ 80 岁

E 81 岁及以上

(　　) 3. 您的子女数:

A. 没有　　B. 1 人

C. 2 人　　D. 3 人

E. 4 人及以上

(　　) 4. 您现在的居住状况:

A. 独居　　B. 仅与配偶居住

C. 与子女同住　　D. 祖孙同住

E. 与他人同住　　F. 居住在养老机构

(　　) 5. 您目前的养老方式:

A. 家庭养老（主要由家庭成员提供日常照料）

B. 机构养老（老年公寓、敬老院等）

C. 社区养老（社区为居住在家中的老人提供生活照料、家政服务、医疗保健）

D. 其他

二、社区老人的身体情况

(　　) 6. 您的健康情况:

A. 很好　　B. 比较好

C. 一般　　D. 比较差

E. 很差

(　　) 7. 您的自理状况：

A. 完全自理　　B. 偶尔需要他人帮助

C. 经常需要他人帮助　　D. 基本上需要他人帮助

E. 完全不能自理

(　　) 8. 您看病或服药的频率：

A. 很少　　B. 比较少

C. 一般　　D. 比较多

E. 很多

(　　) 9. 平日里，邻居和小区里的熟人会不会对您的生活提供帮助？

A. 经常热心的帮助　　B. 在急需时会提供些帮助

C. 得到的帮助很少　　D. 与邻居基本没有接触

三、社区养老服务需求

(　　) 10. 您每月的经济来源主要是：(可多选)

A. 退休金　　B. 子女赡养费用

C. 劳动收入　　D. 亲戚朋友接济

E. 政府补助　　F. 其他

(　　) 11. 您每月在生活必需品和看病上的支出大概占您月收入的百分比

A. 0 ~ 25%　　B. 26% ~ 50%

C. 51% ~ 75%　　D. 76% ~ 100%

(　　) 12. 您是否了解社区养老服务?

A. 了解　　B. 知道一些

C. 听说过几次　　D. 完全没有听说过

(　　) 13. 您是否需要社区为您提供无偿或者低偿的养老服务？

A. 需要　　B. 不需要

14. 请在相应的表格里画“√”。

对目前生活各方面的满意程度			
	满意	一般	不满意
日常生活照顾			
医疗状况			
休闲娱乐活动			

(　　) 15. 您觉得自己日常生活中急需哪 3 种帮助？（请按重要程度依次排列）

A. 家政服务（如洗衣做饭、打扫卫生、买菜购物、洗澡穿衣、陪同外出等）

B. 社区老年食堂用餐、送餐

C. 医疗保健（常见病护理，如感冒、发烧等）

D. 日托服务

E. 紧急服务

F. 休闲娱乐活动场地（如老年活动中心、棋牌室、阅览室等）

G. 心理护理（心理开导、如何教育第三代指导等）

H. 身体锻炼保健指导（如太极健身指导、常见病保健指导、养生指导等）

I. 老年人学习培训（如老年电大等）

J. 其他

四、社区养老服务供给

(　　)16. 您目前已经享受到的社区养老服务有哪些服务项目？(可以多选)

A. 没有享受过　　B. 家政

C. 医疗保健　　D. 娱乐

E. 健身　　F. 其他

(　　) 17. 现在社区附近或社区里有无养老机构（养老院）？

A. 有（请回答 18 和 19 题，跳过 20 题）

B. 没有（请跳过 18 和 19 题，直接回答 20 题）

(　　) 18. 您认为养老机构收取的费用是否合理，能否承受？

A. 合理，且能承受　　B. 合理，但不能承受

C. 不合理，但能承受　　D. 不合理，不能承受

(　　) 19. 您认为现在的养老机构有哪些不足？（可多选）

A. 收费高　　B. 忽视心理关怀

C. 伙食差、卫生差　　D. 床位紧张

E. 其他

(　　) 20. 如果养老机构（如养老院）收取合理的、优惠的费用，您愿意

住进去养老吗？

A. 愿意　　　　　　　　　　　　　B. 不愿意

（　　）21. 未来 10 年，您会选择以下哪一种养老方式？

A. 家庭养老（主要由家庭成员提供日常照料）

B. 机构养老（老年公寓、敬老院等）

C. 社区养老（社区为居住在家中的老人提供生活照料、家政服务、医疗保健等）

D. 其他

22. 您对目前的养老服务方面还有什么建议或意见？

____

____

图书在版编目（CIP）数据

社会养老服务体系建设研究：以京津冀地区为例/王小春，陈立文著. — 北京：知识产权出版社，2017.7

ISBN 978-7-5130-4993-1

Ⅰ.①社… Ⅱ.①王… ②陈… Ⅲ.①养老—社会服务—研究—华北地区 Ⅳ.①D669.6

中国版本图书馆 CIP 数据核字（2017）第 153985 号

内容简介

本书在系统梳理我国养老服务政策的基础上，着重对比分析了京津冀地区养老服务政策，对京津冀养老地区服务协同发展以及保障性住房养老服务体系建设提出了相关对策建议。

责任编辑：刘 爽　　**责任校对**：王 岩

封面设计：吴晓磊　　**责任出版**：刘译文

社会养老服务体系建设研究

——以京津冀地区为例

王小春 陈立文 著

出版发行：知识产权出版社有限责任公司	**网　址**：http：//www.ipph.cn
社　址：北京市海淀区气象路 50 号院	**邮　编**：100081
责编电话：010-82000860 转 8125	**责编邮箱**：39919393@qq.com
发行电话：010-82000860 转 8101/8102	**发行传真**：010-82000893/82005070/ 82000270
印　刷：北京科信印刷有限公司	**经　销**：各大网上书店、新华书店及相关专业书店
开　本：787mm×1092mm　1/16	**印　张**：14
版　次：2017 年 7 月第 1 版	**印　次**：2017 年 7 月第 1 次印刷
字　数：257 千字	**定　价**：45.00 元

ISBN 978-7-5130-4993-1